예술의 강 도나우

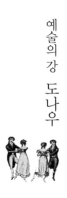

예술의 강

도나우

푸른 강물에 새겨진 유럽의 과거와 현재

베이징대륙교문화미디어 엮음 | 한혜성 옮김

산수야

일러두기__
도나우 강의 영어식 표현은 다뉴브 강이지만, 이 책에서는 '도나우'로 통일해서 표기했다.
이 밖의 다른 지명은 가급적 영어식으로 표기했다. 그러나 현지에서의 소통에
오해 우려가 있는 몇몇 지명은 각 나라에서 사용하는 언어 발음에 충실하도록 표기했다.

나는 괴로워 슬피 우는 네 모습을 본다
나는 아직 젊고 영광으로 가득한 네 모습을 본다
마치 금광 속에 빛나는 황금처럼
거기 진실은 자란다
도나우 강변에
아름답고 푸른 도나우 강변에

달콤한 꽃이 향기를 내뿜어
내 마음속 그림자와 상처를 어루만지고
불모의 나무숲에서도 꽃은 여전히 피니
나이팅게일은 지저귀네
도나우 강변에
아름답고 푸른 도나우 강변에

—아름답고 푸른 도나우

유럽대륙의 동남부에는 세계적으로 유명한 도나우 강(다뉴브Danube는 영어식 표현이다—옮긴이)이 굽이굽이 흐르고 있다. 도나우 강은 총 길이 2,850킬로미터, 유역 면적 81만 6,000제곱킬로미터에 달하는 유럽에서 두 번째로 긴 강으로 독일, 오스트리아, 슬로바키아, 헝가리, 크로아티아, 세르비아, 루마니아, 불가리아, 우크라이나 등의 나라를 느릿느릿 지나간다. 갈려 나온 300여 개의 크고 작은 물줄기들은 스위스, 체코, 슬로베니아, 몰도바, 마케도니아 등의 나라를 지난 뒤에 마지막으로 흑해로 흘러가기 때문에 도나우 강은 마치 유럽대륙을 관통하는 푸른색 띠처럼 보이기도 한다.

도나우 강은 독일의 슈바르츠발트(독일 남서부 바덴뷔르템베르크 주에 있는 검은 삼림지대—옮긴이) 지역 동쪽 기슭의 브리가흐와 브레크 두 지류가 도나우에 쉥겐에서 합쳐지는 곳에서 시작된다. 약 2,850킬로미터의 거리를 남동쪽으로 흐르다가 루마니아의 도나우 삼각주 지대를 거쳐 흑해로 흐른다. 발원지부터 빈까지가 도나우 강의 상류로, 이곳에서는 푸른 산과 강물이 어우러져 아름다운 풍경을 만들어낸다. 빈에서부터 철문 협곡까지는 중류로, 이곳은 하천이 흐르는 골짜기가 넓고 하천 바닥의 경사가 완만하다. 또 강줄기가 구불구불하고 강의 갈래가 많다. 철문 협곡 아래부터 흑해에 이르는 지역은 하

류이자 도나우 강 삼각주로, 갈대가 풍부하고 조류가 다양해서 과학자들은 '유럽 최대의 지질·생물 실험실'이라고 부른다.

도나우 강이 유럽의 역사와 문화에 남긴 공헌은 실로 어마어마하다. 로마 제국 초기부터 서양 문명은 도나우 강을 따라 끊임없이 유럽 전체로 퍼져나 갔다. 이 과정에서 여러 민족이 하나둘씩 생겨났고 국가도 형성되기 시작했 다. 배를 타고 도나우 강을 따라가다 보면 강기슭 양쪽에 자리한 수없이 많 은 성루城壘와 성당을 볼 수 있는데, 이들 하나하나가 우리를 역사 속으로 안 내한다. 이러한 귀중한 역사유산은 오늘날 이미 도나우 강의 일부가 되어 푸 른 강물과 함께 묵묵히 흘러가고 있다.

푸른 강물은 도나우 강의 아름다움을 한층 돋보이게 한다. 일찍이 위대한 오스트리아의 작곡가 슈트라우스 2세는 「아름답고 푸른 도나우」라는 왈츠 선율을 통해 도나우 강의 아름다움을 찬미했다. 슈트라우스 말고도 도나우 강의 양쪽 기슭에서 모차르트, 베토벤, 하이든, 리스트 같은 뛰어난 음악가 들이 태어났기 때문에 도나우 강은 어쩌면 '음악의 강'으로 불러야 할지도 모른다.

오랜 세월에 걸쳐 도나우 강의 양쪽 기슭에서 생겨난 아름다운 도시들은

마치 찬란히 빛나는 구슬처럼 도나우 강을 장식한다. 강 상류의 종착점인 오스트리아의 수도 빈은 오랜 역사를 자랑하는 도시이자 도나우 강의 상징이다. 이곳에서 도나우 강은 느릿느릿 시내를 관통하면서 고색창연한 건축물들과 어울려 신비로움을 자아낸다. 특히 빈 외곽에 펼쳐진 숲은 나무가 울창해서 온 하늘을 가리고 푸르른 녹음을 드리운다. 수많은 음악의 대가들을 배출한 빈은 예로부터 음악의 도시로 명성이 높은데, 지금도 해마다 6월이면 음악 페스티벌이 펼쳐진다.

도나우 강과는 조금 떨어져 있지만 문화적으로 밀접한 체코의 수도 프라하에서 일어난 여러 커다란 사건들은 유럽 역사에 뚜렷한 발자취를 남겼다. 다시 강을 따라 내려오면 '도나우 강의 진주'로 불리는 헝가리의 수도 부다페스트를 지나 발칸 반도에 도착한다. 도나우 강은 이곳에서 베오그라드, 사라예보, 소피아, 부쿠레슈티 등의 도시를 낳았다. 이 도시들은 모두 오랫동안 전해질 이야기들을 간직하고 있다.

빈o

1장 | 역사의 목격자 빈

빈은 1,800여 년의 역사를 갖고 있는데, 로마인들이 일찍이 1세기 때 성루를 건설했고 1137년에는 오스트리아 공국의 수도가 되었다. 15세기 이후 유럽에서 가장 유명한 합스부르크 왕가가 성립하면서 신성로마 제국의 수도이자 유럽 경제의 중심지가 되었다. 합스부르크 가문은 원래 스위스 북부에서 시작되었는데, 1020년에 스위스 남부에 산성 합스부르크를 짓고 차츰 세력을 오스트리아로 확장시켰다. 1273년 합스부르크가의 루돌프 1세는 신성로마 제국 황제의 칭호를 받았고, 1278년 보헤미아와의 전쟁에서 승리를 거두면서 600여 년에 걸친 오스트리아 통치를 시작했다. 1437년부터 제국이 멸망할 때까지 합스부르크 가문은 줄곧 신성로마 제국의 황위를 유지했다.

1
2
3

1 오랜 역사를 자랑하는 빈은 오늘날에도 도나우 강의 상징으로 여겨지고 있다.
2 푸른 도나우 강은 빈 도심을 가로지른다.
3 도나우 강가의 건축 유적이 마치 빈의 오랜 역사를 말해주는 듯하다.

유럽 역사상 가장 오랜 역사를 지닌 도시 중 하나인 빈(영어로는 비엔나Vienna —옮긴이)은 도나우 강이 가장 자랑스러워하고 사랑하는 도시다. 빈은 도나우 강의 중류와 상류가 만나는 곳에 있어 예로부터 동유럽과 서유럽을 잇는 교통의 허브이자 발트 해와 아드리아 해 사이를 오가는 중요한 통로 역할을 해 왔다. 도시의 중심에는 푸른 도나우 강이 조용히 흐르고, 유명한 빈 숲이 사방을 둘러싸고 있다. 이처럼 아름다운 환경과 매력적인 경치 덕분에 빈은 예로부터 '도나우의 여신'으로 불렸다.

더욱 감탄을 자아내는 것은 빈이 과거에 차지했던 무수히 찬란한 영광이다. 빈은 1,800여 년의 역사를 갖고 있는데, 로마인들이 일찍이 1세기 때 성루를 건설했고 1137년에는 오스트리아 공국의 수도가 되었다. 15세기 이후 유럽에서 가장 유명한 합스부르크 왕가가 성립하면서 신성로마 제국의 수도이자 유럽 경제의 중심지가 되었다. 18세기에 예술이 꽃을 피우기 시작하면서 클래식 음악의 중심지이자 왈츠의 고향이 되었고, 음악의 도시로 불렸다. 찬란했던 역사는 이미 과거가 되었지만 중세 유럽의 3대 도시로 손꼽히던 빈은 여전히 과거의 지위를 유지하고 있다. 보존이 잘되어 있는 옛 도시 지역에서 수많은 중세 건축물들을 볼 수 있고, 거장들이 남긴 아름다운 시문詩文을 들으며 무궁무진한 옛 정취를 천천히 음미할 수 있다. 어쩌면 이 모든 것은 오직 푸른 도나우 강가, 빈 숲, 교향곡이 울려 퍼지는 극장, 예술가의 오래된 집, 하늘 높이 솟은 성당, 웅장한 궁전에서만 제대로 느낄 수 있는 건지도 모른다.

왕 가 의   시 작

빈을 말하려면 반드시 합스부르크 왕가 이야기부터 시작해야 한다. 사실 합
스부르크 왕가가 등장하기 전부터 빈은 이미 독자적인 역사를 시작했다. 기
원전 16년에 로마 제국의 군대가 도나우 강가의 한 작은 마을에 오면서부터
이야기는 시작된다. 당시 이곳은 황무지나 다름없어서 사람이 거의 살지 않
았다. 하지만 로마 병사들은 눈 깜짝할 사이에 북쪽 고트족의 침입을 막기
위해 최전방 진지陣地를 세우고 경계 진지라는 뜻의 '빈도보나'라는 이름을
붙였다. 이 이름이 바로 빈의 기원이다. 로마 제국의 영역으로 편입된 뒤에
는 연이어 훈족, 루기족, 롬바르드족, 마자르족, 슬라브족, 아바르족 같은 여
러 민족의 거주지가 되었고, 996년에 이르러 오스트리아라는 하나의 고유명
사로 책에 기록되었다.

　서로마 제국의 황제 오토 1세는 이 땅을 바벤베르크 가문에 하사했다. 이
후 200여 년 동안 빈은 바벤베르크 가문의 통치 중심지가 되었다. 바벤베르

1 2 3

1 루돌프 1세는 합스부르크 왕가 최초로 신성로마 제국의 황제가 되었다.
2 막시밀리안 1세는 정략결혼을 통해 합스부르크 왕가의 세력을 넓혔다.
3 카를 5세는 합스부르크 왕가의 세력을 크게 확장시켰지만,
1556년 에스파냐 왕위는 아들 펠리페 2세에게,
신성로마 제국의 황제 칭호는 동생 페르디난트 1세에게 넘겨주고 퇴위했다.

크 가문은 교황과 거듭 분쟁을 일으키면서도 정치수완을 발휘해 영토를 완벽하게 지켰고, 나아가 중유럽의 권력 중심지로 발전시켰다. 1137년에 바벤베르크 가문은 오스트리아 대공이 되었고, 이로써 빈에 영향력을 행사한 첫 번째 왕가가 되었다. 1155년에 성을 지었고, 1221년에는 오늘날까지 전해지는 가장 오래된 시정헌법을 발표했다. 바벤베르크 가문의 통치기에 빈은 차츰 문화 중심지로 이름을 널리 알렸고, 유명한 성당도 많이 생겨났다. 하지만 유감스럽게도 1246년에 바벤베르크 가문의 마지막 대공인 프리드리히 2세가 마자르족과의 전투 중에 피살되면서 오스트리아는 또다시 분쟁 속으로 빠져들었다. 그리고 얼마 뒤에 인근 지역의 합스부르크 왕가가 오스트리아로 들어왔다.

유럽의 중세 역사에서 비교할 대상이 없을 만큼 최고의 영화를 누린 합스부르크 왕가는 통치 지역이 가장 넓었던 유럽의 왕실로, 가족들이 신성로마 제국 황제(1273~1291), 오스트리아 공작(1282~1453)·대공(1453~1804)·황제(1804~1918), 헝가리 왕(1526~1918), 보헤미아 왕(1526~1918), 에스파냐 왕(1516~1700), 포르투갈 왕(1580~1640), 멕시코 황제(1864~1867), 이탈리아 몇몇 공국의 공작 등의 지위를 누렸다.

합스부르크 가문은 원래 스위스 북부에서 시작되었는데, 1020년에 스위스

신성로마 제국(1157~1806)　962년에 교황 요한 12세가 작센 왕조의 오토 1세를 황제로 대관하면서 신성로마 제국이 탄생했다. 이후 역대 독일 왕은 황제 칭호를 가졌고, 로마 제국과 프랑크 왕국의 카롤루스 대제(샤를마뉴 대제라고도 함―옮긴이)의 계승자로 자처했다. 제국이 가장 번성했을 때에는 영토가 근세의 독일, 오스트리아, 이탈리아 북부와 중부, 체코슬로바키아, 프랑스 동부, 네덜란드와 스위스에 이르렀다. 1806년 7월, 프랑스 황제 나폴레옹 1세가 16개 독일 연방으로 구성된 라인 연방을 세웠고, 8월 6일에는 프란츠 2세에게 신성로마 제국의 황제 칭호를 버리라고 강요했다. 이로써 신성로마 제국은 와해되었다.

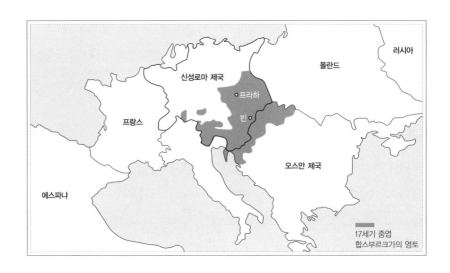

남부에 산성 합스부르크('독수리의 성'이라는 뜻)를 짓고 차츰 세력을 오스트리아로 확장시켰다. 1273년 합스부르크가의 루돌프 1세는 신성로마 제국 황제의 칭호를 받았고, 1278년 보헤미아와의 전쟁에서 승리를 거두면서 600여 년에 걸친 오스트리아 통치를 시작했다. 1437년부터 제국이 멸망할 때까지 합스부르크 가문은 줄곧 신성로마 제국의 황위(1742~1745년 제외)를 유지했다. 1453년 11월 23일, 신성로마 제국의 황제 프리드리히 3세는 오스트리아 공국을 대공국으로 승격시켜 합스부르크 왕가, 나아가 오스트리아의 유럽 내 지위를 크게 높여 합스부르크 왕가의 전성기를 열었다. 특히 막시밀리안 1세의 통치(1493~1519) 동안 정략결혼을 통해 더욱 세력을 키우고 부르고뉴 공국과 헝가리, 보헤미아 등을 연이어 제국으로 편입시켜 왕가의 영향력을 크게 강화시켰다.

막시밀리안의 손자 카를 5세에 이르자 합스부르크 왕가는 유럽의 맹주가 되었다. 당시 합스부르크 왕가는 네덜란드(오늘날의 네덜란드와 벨기에)와 에스파냐 전역, 이탈리아 남부의 시칠리아와 사르데냐, 나폴리 왕국과 에스파냐의 해외식민지를 갖고 있었다. 흥미로운 점은 이 모든 것이 정략결혼의 결과라는 사실이다. 당시 빈에서는 다음과 같은 말이 유행했다. "아, 행복한 오스트리아여, 결혼하자!"

1556년, 퇴위를 결정한 카를 5세는 에스파냐 왕위와 오스트리아 대공의 지위를 각각 아들 펠리페 2세와 동생 페르디난트 1세에게 넘겼다. 이들은 각자의 자손에게 대대로 자신의 왕위를 세습시킬 수는 있지만, 서로 상대방의 왕위를 이어받을 수는 없었다. 이때부터 합스부르크 왕가는 정식으로 오스트리아와 에스파냐로 나뉘었다. 오스트리아 대공의 지위를 얻은 페르디난트 1세는 카를 5세의 남동생이자 헝가리와 보헤미아의 왕으로, 동시에 신성로마 제국의 계승자가 되었다. 비록 카를의 유언에 따라 페르디난트 1세와 그 후손은 에스파냐를 계승할 권리를 잃기는 했지만, 오히려 이로 인해 그는 오스트리아 합스부르크 왕가의 첫 번째 군주가 되었을 뿐만 아니라 그 자손들은 1740년까지 대대로 신성로마 제국의 황제가 되었다.

1620년대부터 줄기차게 유럽을 제패하려는 야심을 보이던 프랑스는 30년 전쟁(1618~1648)으로 합스부르크 왕가를 성가시게 만들었다. 1517년에 독일의 신부 마르틴 루터는 로마교황청의 면죄부 판매에 불만을 품고 종교개혁을 일으켰다. 막시밀리안 1세부터 합스부르크 왕가의 군주들은 신교를 용인

마르틴 루터(1483~1546)　1483년 독일 동부에서 태어나 1508년 비텐베르크대학교의 신학 교수가 되었다. 1517년에 교황 레오 10세가 면죄부 판매를 허가하자, 비텐베르크의 만인성자 교회 문에 95개 조항의 항의문을 써서 게시했는데, 이것이 종교개혁의 불씨가 되었다. 신약성서를 독일어로 번역해 독일어 통일에 공헌했으며 루터파 교회를 성립했다. 1546년에 예순세 살을 일기로 자신이 태어난 작센의 아이슬레벤에서 세상을 떠났다.

1 페르디난트 1세는 가장 성공적인 합스부르크 가문 통치자 중 한 명으로 손꼽힌다.
2 페르디난트 2세는 신교도를 억압하는 정책을 실시해 위기를 초래했다.

하는 정책을 채택했기 때문에 독일 내에서 신교는 널리 퍼졌고, 합스부르크 왕가 통치하의 보헤미아에도 전파되었다. 신교를 용인한 현명한 선택 덕분에 합스부르크 왕가는 줄곧 보헤미아 왕으로 선출되었다. 하지만 1617년 이후부터 상황이 급변하기 시작했다. 독실한 가톨릭 신자였던 페르디난트 2세가 오스트리아 대공 겸 신성로마 제국 황제로 즉위하면서 신교를 용인하던 정책을 중단한 것이다. 그 결과 페르디난트 2세는 보헤미아 왕으로 선출되지 못했다. 그러자 그는 보헤미아를 정복하기로 결정했다. 하지만 이 결정은 오히려 예상 밖의 결과를 낳았다. 신성로마 제국 내의 신교 제후들이 연맹을 구축해 보헤미아를 도왔을 뿐만 아니라 나아가 제국 주변의 신교 국가인 덴마크와 스웨덴까지도 합스부르크 가문의 영토로 침입해온 것이다. 엎친 데 덮친 격으로 네덜란드는 에스파냐에 반대하는 독립운동을 전개했고, 프랑스도 기회를 틈타 합스부르크가에 반대하는 연합군에 가입하면서 일순간에 합스부르크 왕가의 통치가 위태로워졌다.

페르디난트 2세는 왕가 내부의 갈등을 해결하기 위해 보헤미아의 왕위를 아들인 페르디난트 3세에게 넘겼다. 1648년 페르디난트 3세는 각국과 협의해 유럽 역사에 커다란 영향을 끼친 베스트팔렌조약을 체결했다. 30년전쟁으로 인해 오스트리아의 합스부르크 왕가는 막대한 영토를 잃었을 뿐만 아니라 신성로마 제국 내에 있는 나라들에 대해서도 더 이상 예전만큼의 권력을 행사할 수 없게 되었다. 하지만 수십 년간의 쇠락을 겪은 뒤인 18세기 중반에 합스부르크 왕가는 다시 번영했고 이것은 제국의 심장인 빈의 변화로 증명되었다.

마 리 아   테 레 지 아   여 제

30년전쟁이 끝난 뒤에 오스트리아의 합스부르크 왕가가 쇠락하기 시작하면서 제국 내의 인구도 감소했다. 1711년 신성로마 제국의 황제 요제프 1세가 서거하자 남성 계승자가 없다는 이유로 동생인 카를 6세가 황위를 계승했는데 공교롭게도 그 역시 황위를 이을 아들을 얻지 못했다. 그러자 카를 6세는 제국을 유지하기 위해 놀라운 결정을 내렸다.

1713년 4월 19일, 카를 6세는 대신들 앞에서 '1713년 국사조칙國事詔勅, Pragmatische Sanktion'을 제정했다. 주된 내용은 "카를 6세가 서거하면 오스트리아 공국, 보헤미아와 헝가리 왕, 합스부르크 왕가의 황제 지위는 그의 장남 또는 장녀가 계승한다. 신성로마 제국은 여성 후계자를 허락하지 않으므로 카를 6세에게 아들이 없다면 맏사위가 황위 계승자가 된다"는 것이었다. 이를 보장받기 위해 현명한 카를 6세는 신성로마 제국의 제후들에게 조칙에 서명할 것을 강요했다. 그러나 카를 6세도 자신의 이러한 결정이 훗날 뛰어난 여성 정치가 마리아 테레지아를 낳을 거라고는 예상하지 못했다.

1717년 5월 13일, 카를 6세의 맏딸이 빈에서 태어났는데 그녀가 바로 훗날 오스트리아 여대공, 헝가리와 보헤미아 여왕, 신성로마 제국 황제 프란츠 1세의 황후이자 요제프 2세의 어머니인 합스부르크 왕가 역사상 가장 뛰어난 여성 정치가 마리아 테레지아다. '1713년 국사조칙'을 발표한 뒤에 카를 6세는 유럽 내 유력 가문인 로렌 공작과 혼인관계를 맺었다. 마리아 테레지아가 태어나자 카를 6세는 로렌 공작의 차남인 프란츠 슈테판을 빈으로 데려와 그녀와 함께 성장시켰고 1736년에 결혼시켰다.

그러나 마리아 테레지아가 집권하는 데에는 많은 어려움이 도사리고 있었다. 아버지 카를 6세가 1740년에 서거하자 고작 스물세 살이었던 그녀는 자신이 아버지가 남긴 거대한 유산을 계승해 합스부르크 왕가 및 그 외 영토 그리고 신성로마 제국의 통치자가 되기 위해서는 여러 방면에서 도전을 받을 수밖에 없다는 사실을 깨달았다. 카를 6세가 이미 모든 준비를 마치기는 했지만 '1713년 국사조칙'이 제국의 제후들에게 실제로 구속력을 발휘하는 것은 아니었다. 그녀가 '국사조칙'에 따라 오스트리아의 왕위를 계승하려 하자 대다수의 제후들이 들고일어났고, 결국 오스트리아 왕위계승전쟁(1740~1748)이 발발했다.

카를 6세가 서거하고 얼마 지나지 않아 프랑스, 에스파냐, 프로이센(영어로는 프러시아Prussia—옮긴이), 바이에른(영어로는 바바리아Bavaria—옮긴이), 작센 등의 국가가 '1713년 국사조칙'을 인정하지 않는다며 전쟁을 일으켰다. 1740년 12월 16일, 프로이센이 먼저 합스부르크가의 영토인 슐레지엔을 침입했다. 마리아 테레지아와 프란츠 슈테판은 프랑스의 숙적인 영국과 네덜란드의 지원을 받아 각국과 전쟁을 벌였다. 그러자 프랑스와 바이에른, 작센의 지원군이 전쟁을 보헤미아 전체와 이탈리아 일부 지역까지 확대시켰다.

1   2

3   4

1 카를 6세는 '1713년 국사조칙'을 공포해서
  합스부르크 왕가의 실권을 딸 마리아 테레지아에게 넘겨줬다.
2 뛰어난 여성 정치가였던 마리아 테레지아는 빈에 찬란한 번영을 가져왔다.
3 마리아 테레지아의 남편이자 신성로마 제국의 황제인 프란츠 1세는 평범한 인물이었다.
4 훌륭한 어머니이기도 했던 마리아 테레지아는
  아들 요제프 2세를 현명한 군주로 교육시키기 위해 오랫동안 노력을 기울였다.

전쟁 초기만 해도 모든 정황이 합스부르크 왕가에게 무척이나 불리했다. 1742년에 프로이센과 바이에른, 작센의 적극적인 지원 아래 마리아 테레지아의 사촌 형부인 바이에른 선제후 카를 알베르트가 신성로마 제국의 황위를 받았는데 그가 바로 카를 7세다. 그러나 카를 7세가 제후들의 지지를 받기는 했지만 제국의 중심인 오스트리아와 보헤미아를 제어할 수는 없었다. 1744년 말까지 슐레지엔 전체와 보헤미아와 이탈리아 대부분의 지역이 반反 합스부르크 연합군의 손아귀에 떨어졌다. 하지만 이처럼 가장 어려웠던 순간에도 마리아 테레지아는 오스트리아 왕실의 힘으로 제후들을 물리치고, 합스부르크 가문의 오스트리아 통치를 굳건히 했다.

　1745년 1월 20일에 카를 7세가 서거함에 따라 오스트리아 왕위계승전쟁에 변화가 일어났다. 1월 8일에 작센이 합스부르크 왕가를 지지하기로 하고 바르샤바로 대표를 보내 오스트리아와 영국, 네덜란드의 군주 대표와 사국동맹을 맺었다. 이로써 합스부르크 왕가는 차츰 잃어버린 땅들을 되찾기 시작했다. 1745년 4월 29일, 영국이 북아메리카에서 프랑스의 루이부르(루이스버그Louisbourg) 요새에 대한 포위 공격을 시작해 6월 16일에 요새를 함락시켜 프랑스를 견제했다. 아울러 네덜란드와 영국이 서인도제도와 라틴아메리카 해안에서 충돌한 사건은 에스파냐에 대한 견제를 극대화했다. 마리아 테레지아는 이처럼 유리한 시기를 놓치지 않고 1745년 9월 13일에 외교적 수단을 통해 카를 7세의 아들 막시밀리안 3세의 계승 요구를 포기하도록 강요하고, 교묘하게 자신의 남편인 프란츠 슈테판 공작이 프란츠 1세로서 신성로마 제국의 황위를 계승하도록 했다. 이때부터 오스트리아는 합스부르크-로렌 왕가 시대로 접어들었고, 프란츠 1세와 마리아 테레지아 황후는 자연스레 왕가의 창시자가 되었다.

몇 년 동안의 지겨운 시소전을 거친 뒤에 반합스부르크 동맹은 결국 강화를 결정했다. 1748년 10월 18일, 영국·네덜란드·오스트리아·프랑스는 아헨조약을 체결하고 프란츠 슈테판을 황제로 인정하며, 마리아 테레지아 황후와 그 후손이 합스부르크 왕가의 영토 계승권을 갖는 데 동의했다. 대신에 마리아 테레지아는 슐레지엔 대부분 지역과 롬바르디아, 파르마, 피아첸차를 포기했다.

오스트리아 왕위계승전쟁이 끝나자 마리아 테레지아는 이미 쇠퇴하고 있던 제국을 부활시키기 위해 오스트리아에 대한 전면적인 개혁을 단행했다. 우선 군사기구를 궁정의 군사청 아래로 통합시켜 궁정 군사청이 최고 결정기관이 되도록 했고, 일반 징병제를 시행하고, 외교업무를 혁신했다. 국가 관리체계 개혁을 위해 중세 때부터 내려온 사회기관을 폐지하고 대신 추밀원·사법부·해정부·재정부 등을 설치했다. 귀족의 농민 착취를 제한하기 위해 소득세 징수법을 선포하고 귀족과 성직자의 면세특권을 취소했다. 새로운 공장주에게는 10년간의 면세혜택을 주는 규정을 통해 공상업과 방직업의 자유로운 발전에도 힘을 실어주었다. 또한 국내 무역 세금징수소를 폐지하고, 통일세법을 실행했으며, 통일 화폐를 발행했다. 이 밖에 사법과 행정을 분리시키고 새로운 민법과 형법을 제정했으며, 고문제도를 폐지했다. 교육 분야에서는 교회의 통제에서 벗어나 국가가 학교를 통일적으로 관리하도록 하고, 전문학교를 설립했다. 동시에 일정 수준에서 가톨릭에 주었던 특권을 제한하고, 상공업과 과학의 발전을 촉진했다. 마리아 테레지아는 일련의 개혁으로 오스트리아를 강대한 중앙집권적 군주제 국가로 만들었다.

1765년에 남편 프란츠 1세가 세상을 뜨자 마리아 테레지아는 합스부르크 왕가의 최고 통치자가 되었다. 그녀는 흔들리지 않는 용기와 현명한 정책들

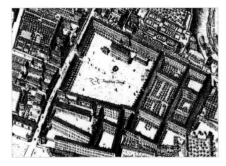

1770년 빈의 모습으로, 당시 이 도시의
눈부신 발전과 넘치는 활력을 엿볼 수 있다.

로 사방이 위기로 둘러싸인 왕가의 영토를 지켜냈다. 평화를 사랑한 마리아
테레지아는 "영광스러운 전쟁을 하느니 평범한 평화를 누려라"는 말을 남겼
다. 이 말대로 말년에 그녀는 핀란드 분할 전쟁에 반대하고 나아가 국제 평화
를 수호하는 데 힘썼다.

마리아 테레지아는 정치·경제·군사 등의 영역에서 과감한 개혁을 감행해
서 오스트리아의 영토를 확장시켰을 뿐만 아니라, 각종 예술 분야에도 열정
적인 지원을 아끼지 않았다. 특히 음악을 사랑해서 자주 쇤브룬 궁전에서 음
악회와 오페라를 열었다. 이러한 분위기에 힘입어 이 시기에 오스트리아는
수많은 뛰어난 음악가들을 배출했고, 빈은 음악의 도시로 널리 이름을 떨쳤
다. 18세기 중엽 내내 빈은 황금시대를 누렸다.

40년이라는 통치 기간 동안 마리아 테레지아는 오스트리아에 빛나는 영광
을 가져온 훌륭한 군주였다. 더욱이 오랫동안 유럽 전체에 대한 영향력을 유
지했다. 1780년에 세상을 뜨기 전까지 아들 요제프 2세와 함께 신성로마 제
국의 최고 통치권을 유지했고, 딸들도 높은 신분을 누렸다. 막내딸 마리 앙
투아네트는 프랑스 왕 루이 16세와 맏딸 마리아 크리스티나는 네덜란드 섭
정왕과 각각 결혼했고, 마리아 아말리아는 파르마의 왕자와 마리아 카롤리

나는 나폴리 왕 페르디난도 4세와 결혼했다. 특히 높이 살 만한 점은 마리아 테레지아가 강력한 여성 군주인 동시에 훌륭한 어머니이기도 했다는 사실이다. 그녀는 제국의 막중한 업무를 책임지는 동시에 자식들을 챙기는 것도 잊지 않았다. 서른아홉 살이 되던 해에 마지막 아이를 출산한 마리아 테레지아는 일생 동안 총 열여섯 명의 자녀를 낳았다. 그녀는 아이들을 무척 사랑했지만 교육에 있어서는 엄격했다. 예컨대 맏아들이 열 살이 되던 해에 아들의 선생에게 보낸 편지에서 왕자의 문제점과 부족한 점을 일일이 지적하고 엄격한 교육을 통해 고쳐줄 것을 당부했다.

유일하게 아쉬운 점이 있다면 마리아 테레지아의 남편인 프란츠 1세가 평범한 인물이었다는 사실이다. 신성로마 제국의 황제였던 그는 국사를 모두 아내에게 떠넘겼을 뿐만 아니라 자주 바람을 피웠다. 일설에 따르면 마리아 테레지아의 측근들조차 더 이상 참을 수 없어 여러 차례 황제의 행동에 대해 건의했지만, 그녀는 계속 바람둥이 남편을 용서해주었다.

1780년 11월 29일, 마리아 테레지아 여제는 예순세 살을 일기로 빈의 호프부르크 왕궁에서 세상을 떠났다. 하지만 다행히 후계자인 요제프 2세는 현명한 군주로 성장해 있었다. 1765년 프란츠 1세가 서거하자 신성로마 제국 황위를 이어받은 요제프 2세는 이때부터 적극적으로 어머니를 도와 제국을 다스렸다. 어머니와 아들이 시행한 계몽전제정치는 오스트리아가 현대 국가로 발돋움하는 기초를 마련했다. 마리아 테레지아가 서거한 뒤 단독 통치를 시작한 요제프 2세는 개혁에 더욱 박차를 가해 고문과 농노제도를 폐지하고 수많은 성당들을 병원과 학교로 탈바꿈시키는 등 귀족의 특권을 감소시켰다. 이러한 개혁 덕분에 요제프 2세의 통치기는 오스트리아가 가장 찬란한 영광을 누렸던 시대로 평가된다. 심지어 수백 년이 흐른 뒤에도 빈에는 요제

요제프 2세는 어려서부터 훌륭한 교육을 받았다.
그림은 누나들과 함께 음악을 공부하는 모습이다.

요제프 2세는 빈에 찬란한 영광을 가져온 훌륭한 군주였다.

프 2세를 그리워하는 다음과 같은 우스갯소리가 전해진다.

요제프 2세가 귀족들이 사냥을 하던 숲을 일반 백성들에게 개방하자 귀족들이 앞다투어 불만을 표시했다. 어느 날 한 후작이 "황제 폐하, 만약 훗날 천민들이 귀족들만의 장소에 들어갈 수 있게 된다면 우리는 도대체 어디로 가야 합니까?"라고 항의하자, 요제프 2세는 웃으며 말했다. "만약 동일 계급의 귀족들만이 함께 모일 수 있다면 짐이야말로 황족의 묘지에 가서 산책이나 해야 할 판이네."

보 수 주 의 자   메 테 르 니 히

오스트리아의 찬란한 영광은 오랫동안 지속되지는 못했다. 18세기 말에 프랑스혁명이 발발하면서 유럽의 정치에 거대한 변화가 일어났기 때문이다. 1797년 합스부르크 왕가는 네덜란드 남부를 포기할 수밖에 없었고, 정복자 나폴레옹이 황제로 즉위하자 오스트리아의 상황은 더욱 악화되었다. 과거 반反프랑스 동맹의 중심세력이었던 오스트리아는 여러 번의 전쟁에서 프랑스에 패했다.

1804년 5월 18일에 나폴레옹이 황제라 칭하자, 3개월 뒤인 8월 11일에 프란츠 2세는 오스트리아 공국을 오스트리아 제국으로 승격시킨다고 선포하고 스스로를 오스트리아 황제 프란츠 1세라 불러 나폴레옹에 대항했다. 아울러 이를 계기로 합스부르크 왕가의 영토를 통합했다. 하지만 오스트리아의 이러한 행동은 프랑스에 위협이 되기는커녕 오히려 나폴레옹의 공격을 부르고 말았다.

무패 가도를 달리던 나폴레옹은 1805년부터 오스트리아를 침공했다. 맹렬한 기세로 쳐들어오는 프랑스 군대 앞에 오스트리아는 아무런 힘도 쓸 수 없었다. 승승장구하던 나폴레옹은 빈으로 개선했고, 결국 신성로마 제국은 해체를 선포할 수밖에 없었다. 양국의 관계를 개선하기 위해 오스트리아 황제 프란츠 1세는 딸 마리 루이즈를 나폴레옹에게 시집보냈다. 프랑스 군대는 1809년까지 빈에 주둔했다. 그러나 행운의 여신은 오스트리아의 편이었는지 오스트리아의 굴욕은 그리 오래 지속되지는 않았다. 1814년에 나폴레옹이 워털루 전투에서 참패하면서 합스부르크 왕가는 과거의 영광을 되찾을 조짐이 보였다. 더욱이 빈에 뛰어난 정치가가 등장했으니, 그가 바로 클레멘스 폰 메테르니히다.

메테르니히는 1773년 5월 15일 코블렌츠에서 태어났다. 당시 그의 아버지는 라인 강 유역에 있는 신성로마 제국의 여러 공국에 파견된 오스트리아의 공사였다. 외교관 집안에서 자랐기 때문일까, 성인이 된 메테르니히도 외교관의 길을 걷는다. 1792년 10월에 프랑스혁명군이 마인츠를 점령하자 메테르니히는 영국으로 피신했고, 프랑스혁명군이 도망친 귀족들을 국경 밖으로 몰아내는 상황이 벌어지면서 메테르니히 가문은 영지는 물론 재산까지 모두 잃고 말았다. 메테르니히의 아버지는 온 가족을 데리고 빈으로 갔다. 1795년 9월, 메테르니히는 오스트리아의 명문가 출신인 엘레오노레 폰 카우니츠 여백작과 결혼해 오스트리아 상류 귀족사회에 진입했다.

1801년에 메테르니히는 오스트리아 공사로 작센 공국의 드레스덴에 파견되었다. 메테르니히는 유럽에서 나폴레옹이 이끄는 강대한 프랑스 군대에 대항하는 길은 오직 여러 봉건왕조들이 연합하는 것밖에 없다고 생각했다. 아울러 독일에서 오스트리아와 프로이센이 연맹을 결성해야만 프랑스혁명에 대항할 수 있다고 여겼다. 1803년에 베를린 주재 오스트리아 공사로 발령

2
1 3
   4
   5

1 나폴레옹은 여러 차례 오스트리아에 승리를 거두었다.

2 황제에 즉위한 나폴레옹은 유럽에서 가장 오래된 왕실인 합스부르크가와 혼인관계를 맺으려 했다.

3 오스트리아 황제 프란츠 1세는 딸 마리 루이즈를 과거의 적에게 시집보냈다.

4 나폴레옹은 새로운 황후가 금세 후계자를 낳자 무척 기뻐했다.

5 세력균형 원칙의 대가였던 메테르니히는
쇠락하고 있던 오스트리아를 유럽의 외교 중심지로 탈바꿈시켰다.

이 난 메테르니히는 프로이센을 반프랑스 연맹에 끌어들이기 위해 온 힘을 기울였다. 하지만 1806년에 오스트리아 황제 프란츠 1세는 나폴레옹의 날카로운 칼 아래 신성로마 제국을 해체하고 말았다. 이처럼 불리한 상황에서 파리 주재 오스트리아 공사가 된 메테르니히는 본격적으로 국제정치 무대의 최전방에 등장했다.

　파리에 온 메테르니히는 사교계를 드나들며 묵묵히 나폴레옹을 관찰하면서 말 한마디에도 신중을 기했다. 그는 뛰어난 외교적 재능과 민첩한 수완으로 나폴레옹의 총애를 받았고, 나폴레옹이 메테르니히에게 직접 "자네는 여기서 꽤 성공을 거두었는데, 이는 말을 아낀 덕분에 사람들이 자네에게서 어떤 꼬투리도 잡아내지 못했기 때문이야"라고 말할 정도였다. 그는 나폴레옹의 성격과 그의 정책들을 유심히 연구해, 여러 차례 오스트리아 황제에게 나폴레옹이 오스트리아를 집어삼킬 계획을 세우고 있으며 이에 대비하기 위해 군대를 배치해야 한다고 건의했다. 1809년에 오스트리아는 제5차 대^對프랑스 동맹에 참여했지만, 바그람 전투에서 참패해 프랑스 군대에게 빈을 점령당했다. 나폴레옹은 대중 앞에서 메테르니히를 통렬히 비판하고 그를 압송해 빈으로 되돌려보냈다.

　빈에 돌아온 메테르니히는 오스트리아 황제의 총애를 받아 외무장관에 임명되었다. 이때부터 무려 40년 동안 메테르니히는 오스트리아의 외교를 장악했다. 취임하고 그가 처음 맡은 임무는 오스트리아 제국의 생존을 확보하는 것이었다. 이를 위해 그는 표면적으로는 나폴레옹 정권에 보조를 맞춰 프랑스와 동맹을 결성했고, 나폴레옹과 오스트리아 공주와의 결혼을 주선해 오스트리아를 위기에서 구해냈다. 1810년에 직접 마리 루이즈를 파리까지 수행한 메테르니히는 훗날 태어날 나폴레옹의 아들을 축복하며 건배했다.

동시에 그는 마치 줄타기를 하는 배우처럼 프랑스와 러시아 사이를 오가며 둘 사이에 분쟁을 일으켰다. 그는 나폴레옹과 오스트리아 군사 3만 명을 보내 프랑스를 지원하기로 밀약을 체결하는 동시에, 러시아와는 오스트리아 군대가 결코 프랑스를 지원하지 않을 거라고 약속했다. 이처럼 메테르니히는 외교적으로 세력균형balance of power의 원칙을 따르는 동시에 차츰 유럽의 대표적인 보수주의자가 되어갔다.

나폴레옹이 러시아 원정에 실패하자, 기회를 잡은 메테르니히는 무장 중재안을 내놓았다. 나폴레옹 제국이 무너지자 엉클어진 유럽의 질서를 바로잡기 위해 열린 빈회의(1814~1815)에서 메테르니히는 커다란 역량을 발휘해 유럽 외교의 중심을 파리와 런던에서 빈으로 옮겨왔다. 이로 인해 오스트리아의 국제적인 위상은 크게 높아졌다.

메테르니히는 돈을 아끼지 않고 날마다 호화로운 각종 연회와 사냥을 열어 오스트리아의 부를 널리 뽐내고 빈회의를 화려한 사교행사로 탈바꿈시켰다. 무려 1년 동안이나 지속된 빈회의 기간 동안 각국 군주들은 환락에 깊이 빠져들었고 정치가로서의 임무는 뒷전으로 내팽개쳤다. 그동안 메테르니히는 다각도의 외교수단을 사용해서 유럽의 세력균형을 오스트리아에 유리하도록 도모했다. 사람들의 눈에는 부지런히 움직이는 그의 모습이 마치 나비가 날아다니는 것처럼 보여 '나비 메테르니히'라는 별명이 붙었다. 1815년 1월,

---

마리 루이즈(1791~1847)　　나폴레옹 1세의 두 번째 황후로, 오스트리아 황제 프란츠 1세의 딸이다. 프랑스 제국을 세운 나폴레옹은 정통 황제의 모습을 갖추기 위해 1809년 12월 후계자를 낳지 못한 조제핀과 이혼하고, 이듬해 4월에 오랜 전통을 지닌 합스부르크 왕가의 마리 루이즈를 황후로 맞이했다. 이로써 나폴레옹은 루이 16세의 조카사위가 되었다. 1811년 마리 루이즈가 아들을 낳자 나폴레옹은 즉시 로마왕으로 책봉했는데, 그가 바로 황제로 등극하지 못한 나폴레옹 2세다. 훗날 나폴레옹이 퇴위당하자 마리 루이즈는 오스트리아로 돌아갔다.

1

2

1 빈회의가 열리는 동안 메테르니히는 여러 외교적 수단을 사용해서
  유럽의 세력균형을 오스트리아에 유리하게 만들기 위해 분주히 움직였다.
2 빈회의 이후 30년 동안 빈은 또다시 찬란한 영광을 누렸다.
  그림은 1847년 빈의 모습을 묘사한 것이다.

마침내 영국·프랑스·오스트리아 삼국은 비밀동맹을 결성해 러시아·프로이센과 대치했고, 이로써 유럽의 여러 강대국 사이에 세력균형이 나타났다. 메테르니히는 프로이센의 세력을 약화시키기 위해 35개 영방領邦국가와 4개의 자유시로 구성된 느슨한 독일 연방을 구성했는데, 오스트리아가 연방의 회 의장국이 되었다.

　메테르니히는 빈회의에서 얻은 결과물을 확실히 유지하기 위해 빈체제를 만들어 열강의 세력균형을 이루고 유럽의 평화와 질서를 유지했다. 이로 인해 메테르니히의 명성은 최고조에 이르렀다. 1815년 9월, 러시아 황제 알렉산드르 1세의 발의로 신성동맹이 체결되자, 러시아에 복종하는 것이 달갑지 않았던 메테르니히는 다시 영국을 끌어들여 러시아·영국·프로이센의 사국동맹을 체결해 신성동맹 내부의 세력균형을 실현했다. 이어 1818년에는 최초로 신성동맹 정기회의를 개최하면서 프랑스를 끌어들여 오국동맹으로 발전시켰다.

　그동안 이룩한 외교상의 눈부신 성과에 힘입어 1821년 5월 25일, 메테르니히는 오스트리아 총리로 임명되었다. 그가 인생 최고의 순간을 만끽하고

신성동맹(1815)　　나폴레옹 제국이 와해된 뒤 대부분의 유럽 국가들 사이에 결성된 느슨한 정치기구로, 빈체제와 유럽의 군주제를 유지하기 위한 것이었다. 1815년에 빈회의가 해산되고 얼마 지나지 않아 러시아 황제 알렉산드르 1세가 오스트리아 황제 프란츠 1세와 프로이센 왕 프리드리히 빌헬름 3세를 설득해서 그해 9월 26일에 파리에서 동맹을 체결했다. 11월 19일에는 프랑스 왕 루이 18세도 가입했다. 기독교 정신에 입각해 서로 협력해야 한다는 내용을 담고 있는 신성동맹은 "각국의 군주는 성서의 가르침에 따라 서로 형제처럼 사랑하고 도우며, 동포애를 발휘해서 어버이가 자식을 대하듯이 그의 신하나 백성을 따뜻하게 다스리고, 신앙과 평화, 정의를 옹호하기로 한다"라고 선언했다. 영국의 섭정(뒤에 조지 4세)은 동맹의 취지에는 찬성하지만 영국의 국법이 대신의 부서副書를 필요로 한다는 것을 이유로 가입하지 않았고, 로마 교황은 신교에 속하는 여러 파들을 동일시하고 있다는 이유로 거절했다. 이슬람교도였던 오스만 제국의 술탄은 제외되었다.

있을 때 두 딸이 연이어 죽고 남은 세 아이들도 모두 심각한 폐병에 걸리는 불행이 닥쳐왔다. 1825년에 부인이 병으로 죽은 뒤에 다시 두 번의 결혼을 했지만 두 명의 부인들 역시 그보다 먼저 세상을 뜨고 말았다. 이와 동시에 정치적 지위도 흔들리기 시작했다. 1848년 초에 메테르니히의 강경 통치가 민중의 불만을 사 오스트리아에서도 혁명이 발발했고, 1848년 3월 13일 파면당한 메테르니히는 변장을 하고 빈에서 도망쳤다. 영국에서 몇 년간의 망명생활을 한 뒤에 1851년 9월에 다시 빈으로 돌아왔지만 다시는 정치에 참여하지 않았다. 당대의 가장 뛰어난 외교가로 명성이 자자했던 메테르니히는 1859년 6월 11일 빈에서 여든여섯 살을 일기로 세상을 떠났다.

빈회의 이후 30년 동안 오스트리아 제국의 수도였던 빈이 또다시 찬란한 영광을 누렸다는 사실은 부인할 수 없다. 빈 시민들은 모처럼의 평화를 이용해 대대적으로 도시를 재건설하는 데 힘써, 낡은 내성벽內城壁을 헐어 없애고 장관을 연출하는 고리처럼 동그랗게 생긴 도로인 링 슈트라세(영어로는 링 스트리트Ring Street)를 건설했다. 오스트리아-헝가리 제국 시기에 이르러 링 슈트라세 주변에 잇따라 수많은 화려한 건축물들이 들어섰다.

왕 가 의   종 말

1860년대 이후 신성로마 제국의 구성원이었던 프로이센이 급부상하면서 독일은 철혈鐵血 재상 오토 폰 비스마르크의 지도 아래 통일을 향해 나아갔고, 오스트리아 제국은 전례 없던 도전에 직면했다. 일찍이 1848년에 헝가리에서 오스트리아의 통치에 반대하는 혁명이 발발했고, 1859년 이탈리아에서 독립전쟁이 일어나면서 오스트리아의 입지는 점점 약화되고 있었다. 엎친

데 덮친 격으로 1866년 프로이센-오스트리아전쟁에서 참패하자 오스트리아는 독일 연방에서 탈퇴할 수밖에 없었다.

헝가리에서 오스트리아 황제의 지위를 확보하기 위해 프란츠 요제프는 헝가리 귀족들과 담판해 자신을 지지하는 절충안을 찾으려 했다. 일부 정부 관리들은 헝가리 귀족하고만 타협하면 다른 민족들이 더 크게 반발할 것을 걱정해, 황제에게 모든 민족의 운동가들과 타협해 연방국가를 세워야 한다고 권고했다. 하지만 프란츠 요제프는 헝가리 귀족들의 세력을 간과할 수 없었고, 헝가리 귀족들은 오직 자신들과 오스트리아 전통 귀족들 간의 이원체만을 받아들일 수 있다고 고집했다. 결국 1867년 2월, 프란츠 요제프 1세는 '오스트리아-헝가리 제국'이라는 이원군주국을 세우는 절충안을 통해 제국을 구하려 했다.

1918년까지 명맥을 이어간 오스트리아-헝가리 제국은 사실상 헝가리 왕과 오스트리아 황제로 구성된 연맹으로, 정식 명칭은 '제국회의에 대표된 왕국과 영토 및 신성 헝가리의 성 이슈트반 왕위의 영토들'이다. 여기서 헝가리 왕과 오스트리아 황제는 모두 동일 인물이다.

헝가리는 대내적으로는 일정 수준의 입법·행정·사법·세수·세관 등의 자치권을 누리고, 대외 사무는 오스트리아와 마찬가지로 제국의 중앙 정부가 통일적으로 처리했다. 오스트리아-헝가리 제국은 헝가리 귀족과 오스트리아의 합스부르크 왕가가 기존의 오스트리아 제국을 유지하기 위해 힘쓰던 시절에 도달한 절충안이다. 빈을 수도로 삼은 오스트리아-헝가리 제국은 당시 러시아에 버금가는 유럽 제2의 대국이었고, 러시아와 독일 제국을 잇는 제3의 인구 대국이었다. 하지만 다민족국가였던 오스트리아-헝가리 제국에서는 민족 봉기와 사소한 분쟁이 끊이지 않았고, 이는 훗날 제국이 멸망하는 원인이 되었다.

기묘한 국가체제 아래 오스트리아-헝가리 제국에는 세 개의 정부, 즉 헝가리 정부와 오스트리아 정부, 황제 아래에 위치한 중앙 정부가 존재했다. 헝가리와 오스트리아에는 각각 자신들만의 의회와 총리가 존재했고, 이론적으로는 황제의 권리가 가장 높았지만 실제로는 제한적이었다. 황제의 중앙 정부는 군사와 외교, 대외 무역을 책임졌다. 51년 동안 오스트리아-헝가리 제국은 의외로 신속한 경제 발전을 이룩했다. 비록 영국과 프랑스, 독일 등의 국가에 비해서는 낙후되었지만, 공업화와 도시화에서 모두 괜찮은 성적을 거두었다.

프란츠 요제프 1세의 무려 68년에 이르는 통치 동안 오스트리아-헝가리 제국의 수도 빈은 다시 한 번 번영을 구가했다. 1857년 프란츠 요제프 1세는 빈의 성벽을 허물고 과거 성벽의 유적 위에 호화로운 환상環狀도로인 링 슈트라세를 지었다. 길 양쪽으로 즐비하게 늘어선 화려한 건축물들 역시 프란츠 요제프 1세가 유럽 전역에서 초빙한 유명 건축가들이 설계한 작품이다. 당시 많은 지식인들이 체코와 헝가리 등에서 빈으로 건너와 교육을 받거나 일자리를 얻었다.

하지만 19세기 후반에 이르자 오스트리아-헝가리 제국은 민족 간의 모순으로 또다시 풍전등화의 상황에 놓였다. 1914년 6월, 제국의 후계자인 프란츠 페르디난트 대공이 사라예보에서 암살당한 사건을 계기로 오스트리아-헝가리 제국은 제1차 세계대전에 휩쓸렸다. 전쟁이 지속되자 오스트리아-헝가리 제국의 상황은 더욱 악화되었고, 오랜 역사를 자랑하던 합스부르크 왕가의 종말을 알리는 운명의 종이 울리기 시작했다.

1916년에 연로한 프란츠 요제프 1세는 오스트리아-헝가리 제국의 앞날을

1　2

1 프란츠 요제프 1세는 오스트리아-헝가리 제국을 세웠다.
2 제국의 후계자였던 프란츠 페르디난트 대공이 사라예보에서 암살당한 뒤,
오스트리아-헝가리 제국은 제1차 세계대전의 폭풍에 휩쓸렸고 결국 역사에서 사라지고 말았다.

걱정하며 세상을 떠났다. 뒤를 이은 카를 1세가 고군분투했지만 역사의 수레
바퀴를 멈추기에는 역부족이었다. 1918년 여름이 되자 전세는 점차 동맹국
에 불리하게 전개되었다. 게다가 제국 내의 여러 지역들이 독립을 선포했다.
1918년 11월 3일, 오스트리아-헝가리 제국은 연합국과 정전협정을 맺었고,
11월 11일에는 카를 1세가 오스트리아에게 미래의 국가 형태를 결정할 권리
가 있다고 공포했다. 전쟁이 끝난 뒤에 오스트리아와 헝가리가 각각 공화국
을 성립하면서 오스트리아-헝가리 제국이 해체되었지만 불행은 여기서 끝
이 아니었다.

　1919년 4월 3일, 오스트리아공화국 국민의회가 "가계家系와 관계를 완전히
끊고 왕권과 재산권을 포기하는 서약서에 서명하지 않는 한, 합스부르크 일
족의 입국은 허가하지 않는다"는 황제일족추방법, 일명 합스부르크법을 통
과시켜 합스부르크 일족을 오스트리아 영지에서 추방했다. 1921년 11월 3
일, 헝가리 의회 역시 카를 1세의 군주로서의 지위를 취소하는 법령을 선포

했다. 결국 황제는 모든 권리를 박탈당한 채 가족들과 함께 스위스로 망명했고, 이로써 1278년부터 이어진 합스부르크 왕가도 끝나고 말았다. 오늘날 합스부르크가의 후예 가운데 일부가 여전히 오스트리아와 리히텐슈타인, 독일 등에 살고 있다.

역 사 의   목 격 자

합스부르크 왕가의 영광은 연기처럼 사라졌지만, 빈에는 그 시절을 기억하는 오래된 건축물들이 아직도 남아 있다. 이 건축물들은 빈의 찬란했던 과거 이야기를 들려준다.

호프부르크 왕궁

빈에서 가장 오랜 역사를 자랑하는 건물인 호프부르크 왕궁은 오스트리아 역사의 산증인으로 제국의 영욕과 성쇠를 함께했다. 호프부르크 왕궁은 독일어로 '궁정 성벽'이라는 뜻으로, 빈의 링 슈트라세 안쪽에 있다. 왕궁의 역사는 1279년까지 거슬러 올라가는데, 이때부터 1806년 프란츠 1세가 제국의 해체를 선언할 때까지 줄곧 신성로마 제국의 황제들이 머물렀다. 합스부르크 왕가가 바로 이곳에서 드넓은 제국을 통치했고, 이후 오스트리아-헝가리 제국 황제의 궁정이 되었다. 때문에 호프부르크 왕궁은 600여 년에 이르는 세월 동안 일어난 중요한 역사적 순간들의 목격자가 되었다.

호프부르크 왕궁은 마리아 테레지아 여제 시기 제국의 번영도, 요제프 2세가 어머니의 뒤를 이어 과감한 개혁을 단행한 빛나는 업적도, 프란츠 1세가 나폴레옹과의 분쟁을 수습하기 위해 딸을 시집보낸 치욕도, 프란츠 요제프 1

과거 찬란했던 빈의 번영을 모두 지켜본 호프부르크 왕궁은
오늘날 오스트리아공화국 대통령의 집무실로 이용되어 새로운 빈의 역사를 목격하고 있다.

세 시기에 오스트리아-헝가리 제국이 성세에서 쇠락으로 기울던 광경도 모두 묵묵히 지켜봤다. 지금 호프부르크 왕궁은 오스트리아공화국 대통령의 집무실로 사용되고 있다.

재미있는 것은 호프부르크 왕궁 역시 끊임없이 변화를 거듭했다는 사실이다. 수백 년에 이르는 시간 동안 이곳에 머물렀던 통치자들마다 왕궁을 새로 짓거나 고쳤는데, 이로 인해 호프부르크 왕궁은 고딕, 르네상스, 바로크, 로코코, 고딕 리바이벌 등의 양식을 한데 모아놓은 건축물이 되었다. 오늘날의 호프부르크 왕궁은 총면적 24만 제곱미터에 18개의 윙(새의 날개처럼 건물의 본체에서 뻗어나온 부속 건물—옮긴이), 54개의 출구, 19개의 안뜰, 2,600개의 방으로 이루어져 '도시 속의 도시'라 불리기도 한다.

호프부르크 왕궁에 들어서면 왕궁의 문인 부르그토어가 가장 먼저 사람들의 시선을 잡아끈다. 이 문은 프란츠 1세 시대의 산물로, 건축가 페테르 폰 노빌레가 설계하고 온전히 병사들의 손으로 지어졌다. 전하는 이야기에 따르면 이 왕궁 문은 1824년 라이프치히 전투 기념일에 준공되어 프란츠 1세가 나폴레옹에게 당했던 패배의 치욕을 씻었다고 한다. 호프부르크 왕궁에서 가장 오래된 건물은 슈바이처호프(스위스궁)로, 당시 이곳에 머물던 마리아 테레지아 여제의 스위스 용병들의 이름을 땄다. 17세기 후반부터 왕궁의 근위대는 빈 연대의 중대로 구성되었다. 당시 이탈리아의 한 여행가는 "제국의 궁전은 매우 완벽하게 빛나며 웅대하구나"라고 썼다.

18세기 초에 이르러 구왕궁이 쇠퇴하자 당시 황제였던 카를 6세는 새로운 건물을 짓기 시작했다. 이 공사에는 당시 가장 뛰어난 건축가였던 요한 베른하르트 피셔 폰 에를라흐를 비롯한 여러 건축가들이 혼신의 힘을 쏟아부었다. 피셔 폰 에를라흐는 유명한 요제프 광장을 지었고, 아들 요제프 에마누

엘 피셔 폰 에를라흐는 1723년부터 1735년까지 왕궁 부속 도서관을 지었다. 바로크 양식으로 지어진 화려한 도서관은 서로 대칭을 이루는 양옆의 건물과 앞으로 돌출된 중심 건물의 세 부분으로 이루어져 있다. 세 부분은 서로 독립된 구조를 이루어 각 부분마다 천장을 갖고 있지만, 함께 통일체를 구성한다. 1804년에는 왕궁 내부에 1,000제곱미터에 이르는 연회홀을 지어 황제 즉위식과 무도회를 열 때 사용했다.

1881년 오스트리아-헝가리 제국의 황제 프란츠 요제프 1세는 신왕궁을 짓기로 결정하고 카를 폰 하제나우어와 고트프리트 젬퍼에게 설계를 맡겼다. 하지만 정세가 급변하면서 1926년 신왕궁이 완공되었을 때는 이미 합스부르크 왕가의 마지막 황제인 카를 1세가 퇴위한 지 8년이나 흐른 뒤였다. 12년 뒤인 1938년 3월 15일, 히틀러가 신왕궁의 발코니에서 오스트리아와 독일의 합병을 선포했다는 사실은 역사의 아이러니가 아닐 수 없다.

벨베데레 궁전

이탈리아어로 '아름다운 경치'라는 뜻을 지닌 벨베데레 궁전은 빈에서 가장 유명한 바로크식 궁전이다. 벨베데레 궁전이 다른 궁전과 다른 점이 있다면 주인이 황제가 아니라, 육군 원수 프린츠 오이겐(사부아 공 외젠—옮긴이)이라는 사실이다.

오이겐은 오스트리아 역사에서 매우 중요한 인물이다. 파리에서 태어난 그는 프랑스 군대의 입대를 거절당하자, 1683년 합스부르크 왕가의 군대에 입대해 전선과 왕궁 사이를 오가는 통신병이 되었다. 오스만 제국의 군대가 물밀듯 밀려와 빈을 물샐 틈도 없이 포위해버리자 당시 겨우 스무 살이었던 오이겐은 빈 구출 결전에 참가해 놀랄 만한 과감성과 지혜를 보였다. 10년 뒤 그는 원수가 되었고, 1697년에는 오스만 제국과의 전쟁에서 군사적 지위를 다졌다. 이후 에스파냐 왕위계승전쟁(1701~1714)에서 프랑스 루이 14세와 담판을 벌일 때도 합스부르크 왕가를 위해 큰 공을 세웠다. 1714년부터 1718년까지의 오스만 제국과의 전쟁에서는 튀르크군을 영외로 몰아내 베오그라드를 탈환했다. 그는 일생 동안 세 명의 합스부르크가 황제를 섬기면서 신성로마 제국에 커다란 공훈을 세웠다.

정치가이자 군사가였던 오이겐은 과학과 예술도 열린 마음으로 받아들이고 지원했다. 1700년에 그는 요한 루카스 폰 힐데브란트를 불러 황제가 내려준 땅에 궁전을 짓도록 했는데 이것이 바로 벨베데레 궁전이다. 궁전은 24년이라는 세월이 흐른 뒤에 완공되었다. 힐데브란트는 아래에서 위로 올라가는 경사를 이루는 지형에 따라 궁전 두 개를 설계했는데 하궁下宮은 오이겐의 침실로 사용되었고, 상궁上宮은 연회 장소로 이용되었다. 상궁을 지을 때 오이겐은 사령부와 병영, 초소 등을 상징적으로 천장에 설계하도록 했다. 상궁과 하궁은 화려한 정원으로 연결되고, 대칭을 이루며 설계된 계단과 축 방향으로 설치된 분수는 초지와 수목에 둘러싸여 있다. 분수 안에 있는 바다의 신 넵튠과 바로크 양식의 스핑크스 조각상은 관광객들을 환상의 세계로 데려간다.

상궁에서 바라보는 빈 시내는 건물과 빈 숲이 함께 어우러져 어디에서도 볼 수 없는 아름다운 경치를 만들어낸다. 궁전이 준공되었을 때가 오이겐의 전성기였기 때문에 건축의 웅장함과 풍부한 예술품 소장 목록은 빈에서도 으뜸이다. 일설에 따르면 오이겐은 보잘것없는 자신의 외모를 보완하기 위해 장인匠人에게 특별히 태양의 신 아폴로의 이미지를 초상화 속에 가미시키라고 요구했다고 한다.

오이겐은 평생 독신으로 살았기 때문에 유산을 조카에게 물려주었는데, 이 결정이 벨베데레 궁전을 다른 사람의 손에 넘겨주는 결과를 낳으리라고는 전혀 상상하지 못했다. 조카는 도박에 중독되어 있던 터라 궁전을 팔아버릴 수밖에 없었다. 하지만 다행히도 1752년에 합스부르크 왕가가 벨베데레 궁전을 사들여 1895년부터 페르디난트 대공이 이곳에 머물렀다. 1914년 페르디난트 대공 부부가 사라예보에서 세르비아 민족주의자에게 암살된 날에도 바로 이곳에서 사건 장소로 출발했다. 물론 그들은 다시는 벨베데레로 돌아오지 못했다.

오늘날 벨베데레 궁전은 예술의 성지로 탈바꿈해 하궁은 중세 예술과 바로크 예술을 전시하는 미술관으로, 상궁은 19세기와 20세기 근현대 미술을 소장한 미술관으로서 역할을 다하고 있다. 수많은 소장품 가운데 가장 사람들의 이목을 끄는 작품은 말할 나위도 없이 구스타프 클림트의 작품인 「키스」다. 클림트가 그렸던 당시만 해도 사람들은 이 그림을 퇴폐적인 에로티시즘이라고 비판했다. 하지만 오늘날에는 시대에 한 획을 그은 예술품으로 평가받고 있다.

슈테판 대성당

황권을 상징하는 궁전 외에도 빈에는 수많은 오래된 종교 건축물들이 있는데 궁전과 마찬가지로 이들 역시 제국 역사의 축소판이다. 그중에서도 슈테판 대성당은 빈의 랜드마크land mark라 할 수 있다. 전 세계적으로 가장 유명한 고딕 양식 성당인 슈테판 대성당은 1197년에 지어졌다. 137미터에 달하는 첨탑尖塔은 세계에서 두 번째로 높은 독일의 쾰른 대성당에 버금간다.

지금까지 남아 있는 유럽의 다른 유명한 성당들과 마찬가지로 슈테판 대성

오랜 역사를 간직하고 있는 슈테판 대성당은
그사이 여러 번의 훼손을 입었지만,
결국 복원되어 지금에 이르렀다.

당도 여러 번의 훼손과 재건축을 겪어야 했다. 일찍이 12세기 중엽에 단순히
바실리카 양식으로 지어졌던 성당은 두 번의 화재로 파괴되었다. 이후 빈 지
역을 통치하던 보헤미아 왕 오타카르 2세가 바실리카 양식으로 복원했다. 지
금 남아 있는 고딕 양식의 성당은 14세기에 재건된 것이다. 당시 유럽 전역
에 크게 유행하던 높고 웅장한 고딕풍의 성당을 갖고 싶어 했던 합스부르크
가의 루돌프 4세가 다시 짓기 시작하면서 점차 지금의 고딕 양식을 갖추기
시작했다.

　이후 몇 세기에 걸쳐 슈테판 대성당은 공사를 멈춘 적이 거의 없다. 약 100
년간의 공사를 거친 뒤에 성당의 남쪽 탑이, 16세기에는 북쪽 탑이 완공되었
다. 성당에서 제일 웅장한 첨탑은 18세기에 이르러서야 겨우 모습을 드러냈
다. 19세기의 오스트리아–헝가리 제국 시기에도 성당의 재건과 증축 작업은

계속되었다.

수백 년의 비바람을 감내한 슈테판 대성당은 제2차 세계대전 말에 또다시 전쟁의 포화를 겪었고 성당의 지붕과 종, 파이프오르간, 스테인드글라스 창문 대부분이 파괴되었다. 1948년부터 오스트리아 국민들이 힘을 모아 다시 성당을 복원했다. 한 가지 덧붙이면 슈테판 대성당에는 지하 납골당인 카타콤Catacomb이 있는데, 여기에 합스부르크 왕가 구성원들의 장기臟器를 담은 항아리와 백골이 쌓여 있다고 한다.

로 맨 스 의   주 인 공   씨 씨   황 후

빈은 오래된 왕가의 영광만이 아니라 아름답고 슬픈 이야기도 간직하고 있
다. 빈을 방문하는 많은 사람들은 흔히 영화 속에 그려진 순결하고 아름다울
뿐만 아니라 용감하고 솔직했던 씨씨 황후를 떠올린다. 그녀가 바로 오스트
리아-헝가리 제국 프란츠 요제프 1세의 황후인 엘리자베트다. 하지만 영화
에서 묘사한 로맨스는 실제 역사에서는 존재하지 않았다.

　1837년 12월 24일, 뮌헨의 바이에른 공작 막시밀리안의 집에서 훗날 엘리
자베트 황후가 될 여자아이가 태어났다. 막시밀리안 공작은 아름다운 둘째
딸을 무척이나 사랑해 '씨씨'라는 애칭을 지어주었다. 아버지 막시밀리안 공
작은 시 짓기와 악기 연주, 마술馬術을 뽐내는 것을 좋아해 정원에 곡마장을
만들기도 했지만, 공화주의를 신봉했기 때문에 '호화스러운 프롤레타리아'
라고 불렸다. 이와 대조적으로 비텔스바흐가 출신인 부인 루도비카는 가문
의 지위를 더욱 높이고 싶어 했다. 그래서 그녀는 아이들을 유일한 재산으로

보고 결혼을 통해 이 문제를 해결하려 했다. 부모의 사랑 속에 씨씨는 줄곧 평화로운 생활을 했다. 그러나 얼마 지나지 않아 예상치 못했던 만남이 그녀의 인생을 바꿔놓았다.

1848년 오스트리아 제국의 황제 페르디난트 1세는 국내에서 발생한 혁명으로 퇴위를 선언했고, 뒤를 이어 프란츠 요제프가 황제가 되었다. 제위에 오르자마자 황후를 선택하는 문제에 직면한 열여덟 살의 프란츠 요제프는 어머니 조피의 의견에 따라 바이에른으로 눈을 돌렸다. 몇 년 전부터 바이에른의 비텔스바흐가는 오스트리아의 합스부르크 왕가와 여러 차례 혼인관계를 맺었을 뿐만 아니라, 프란츠 요제프의 어머니와 루도비카 공작부인은 친자매였다. 양쪽 부모들은 비텔스바흐가의 맏딸 헬레나를 프란츠 요제프와 결혼시키기로 결정했다. 1853년 8월, 당시 열다섯 살이었던 씨씨도 가족들과 함께 언니의 약혼식에 참석하기 위해 바트이슐로 향했다. 이때 예상 밖의 사건이 일어났다.

그날은 마침 프란츠 요제프 황제의 생일 연회가 있었다. 세심한 준비 끝에 아름답게 단장한 언니 헬레나의 뒤를 따르던 씨씨는 머리를 길게 땋아 내린 채 늘 입던 드레스를 걸치고 있었다. 씨씨는 호기심 가득한 눈빛으로 사촌오빠이자 미래의 형부를 훑어보았다. 그런데 프란츠 요제프가 어린 사촌동생을 보자마자 헬레나는 거들떠보지도 않고 들고 있던 붉은 장미를 건네고는 여러 사람들 앞에서 오스트리아 제국의 황후가 될 거라고 선포할 줄 누가 알았겠는가! 당시 열다섯 살에 불과했던 씨씨는 프란츠 요제프가 건넨 장미가 무엇을 의미하는지 전혀 알지 못했다. 이모와 엄마가 계속해서 "그를 사랑하니, 씨씨?"라고 물으며 대답을 재촉하자, 씨씨는 천진난만하게 "그를 어떻게 사랑하지 않을 수 있나요? 그가 황제가 아니었다면 좋았을 텐데"라고 대답

했다고 한다.

1854년 4월 24일, 씨씨와 프란츠 요제프는 성대한 결혼식을 올렸다. 환호성과 떠들썩한 소리 속에 불그레한 얼굴로 입을 꼭 다문 씨씨가 배를 타고 도나우 강을 따라 내려와 빈에 도착했다. 아름다운 황후를 본 오스트리아 국민들은 즉시 그녀를 사랑하게 되었고 황실을 향한 적의조차도 모두 씻겨 내려갔다. 하지만 씨씨의 황후로서의 삶은 결코 순탄하지 않았다. 특히 프란츠 요제프와의 사랑은 영화에서 묘사한 것과는 완전히 다르다. 하지만 씨씨 황후가 아름다운 여성이었던 것은 분명하다. 이는 합스부르크 왕가의 자랑이기도 했다. 그녀는 173센티미터의 키에 48킬로그램의 몸무게를 유지했고 허리둘레는 50센티미터에 불과했다. 어린 황후는 아름다움을 유지하기 위해 쉬지 않고 운동했고, 특별한 식단을 짜서 음식물 섭취를 엄격히 제한했다. 또 항상 허리를 조이는 페티코트를 착용했다. 하지만 그녀의 아름다움은 남편을 오랫동안 사로잡지는 못했고 두 사람의 거리는 점점 멀어졌다.

성실한 황제였던 프란츠 요제프 앞에는 복잡한 일로 가득한 늙고 커다란 제국이 놓여 있었기 때문에 대부분의 시간을 과도한 집무에 할애할 수밖에 없었다. 그래서 아름다운 황후와는 많은 시간을 갖지 못했다. 게다가 프란츠 요제프는 엄격한 궁정교육을 받으면서 자란 반면에, 씨씨는 바이에른의 아름다운 자연 속에서 자유롭게 성장했다. 이러한 극과 극의 기질은 처음에는 매력으로 작용했지만, 시간이 지나면서 두 사람은 차츰 서로 잘 맞지 않는다는 사실을 깨달았다. 황후가 된 씨씨는 여러 가지 복잡한 궁정예절과 마주했는데, 그녀의 순진한 천성과는 맞지 않았기에 점점 외로움을 느꼈다. 엄격한 궁정예절과 시어머니와의 갈등은 자유를 사랑하고 구속받지 않고 살던 씨씨에게 감당할 수 없는 스트레스와 고통으로 다가왔다.

긴 머리를 좋아했던 씨씨 황후는
검은 머리를 발끝까지 길러 늘어뜨리고 다녔다.

결혼 1년 뒤에 씨씨 황후는 딸을 낳았지만, 아이를 키울 능력이 없다고 판단한 시어머니가 딸을 돌볼 권리를 박탈해버려 엄마로서의 행복도 맛볼 수 없었다. 불행하게도 몇 년 뒤 그녀의 딸은 죽고 말았다. 남편의 무관심과 고부간의 갈등으로 씨씨 황후는 나날이 우울해졌다. 2년 뒤에 둘째 딸을 낳았지만 이번에도 그녀에게 남겨진 것은 눈물뿐이었다. 1858년에 씨씨 황후는 오스트리아 제국의 후계자가 될 루돌프 왕자를 낳았지만, 이번에도 역시 시어머니에게 아들을 빼앗겼다. 외로움에 시달리던 씨씨 황후는 건강이 급속도로 악화되어 생명에 위협적인 폐결핵에 걸렸다. 다행히 2년간에 걸친 요양 끝에 죽음의 신에게서 풀려날 수 있었다. 씨씨 황후는 여전히 남편의 관심을 얻지는 못했지만 여러 모로 애쓴 끝에 아이들을 돌볼 권리를 되찾았다. 또 날씬한 몸매를 회복하기 위해 매일 새벽 5시에 일어나 검술과 수영, 체조를 하고 지속적으로 냉수욕을 하는 등 각고의 노력을 기울였다.

오스트리아-헝가리 제국이 성립되자 씨씨 황후는 여러 구성국들의 추대를 받았으나, 부부간의 불화는 나날이 깊어졌다. 수십 년에 이르는 세월 동안 두 사람은 거의 각자 행동했다. 하지만 진짜 불행은 아직 남아 있었다. 씨씨 황후의 외아들이자 황위 계승자인 루돌프는 오랜 세월 부모와 떨어져 있어 소통할 수 없었던 데다 정치적 포부마저 실현하지 못하자, 점점 더 의기소침해졌다. 결국 1889년 1월 30일, 빈 근교에서 연인 마리아 베체라와 동반자살을 했다. 이 충격적인 사건은 씨씨 황후의 결혼생활을 뒤흔들었다. 슬픔을 잊고자 그녀는 여기저기 여행을 다니기 시작했고, 남편 역시 술로 근심을 풀기 시작했다. 비극이 이것으로 끝이 아니었음을 누가 알았겠는가. 1898년 9월 10일, 예순한 살의 씨씨 황후는 자주 휴가를 보내던 스위스 제네바에 도착했다. 그런데 이날, 그녀를 사랑하던 수많은 사람들의 비통함을 자아낸·불행한 사건이 발생했다.

　당시 씨씨 황후는 배를 타고 제네바를 떠날 준비를 하던 차였다. 그녀는 궁정부인을 동행하고 느릿한 걸음으로 부둣가로 향하고 있었다. 이때 루이지 루체니라는 이탈리아 무정부주의자가 '세상을 깜짝 놀라게 하기 위해' 오스트리아-헝가리 제국의 황후를 목표물로 삼았다. 씨씨 황후를 발견한 그는 갑자기 송곳을 꺼내 그녀를 향해 돌진했다. 송곳은 날카로운 데다 가늘어 씨씨 황후는 가슴을 찔리고도 아무런 고통을 느끼지 못했다. 다만 "저 사람이 왜 저러는 거죠? 내 시계를 원하는 건가요?"라고 말했다고 한다. 그녀는 땅에서 일어나 스스로 배 위로 올라갔지만 얼마 지나지 않아 쓰러지고 말았다. 궁정부인들이 황급히 그녀의 옷섶을 풀자 명치에서 아주 작은 혈흔이 발견되었다. 선장은 뱃머리를 돌려 부두로 되돌아갔고 사람들이 그녀를 들것에 실어 호텔로 옮겼다. 호텔에서 의사가 팔꿈치 관절 안쪽 동맥을 절개하자 피는 더 이상 밖으로 솟구치지 않고 씨씨 황후는 평온하게 눈을 감았다. 이렇게 아름다운 이야기는 끝이 났다.

　이 모든 이야기는 훗날 예술가들이 꾸며낸 로맨스와는 매우 다르다. 1998년 씨씨 황후 암살 100주년을 기념하기 위해 그녀가 묵었던 호텔 부근에 생전의 모습과 똑같은 크기의 청동상을 만들었다. 오늘날에도 많은 사람들이 매년 이곳을 찾아 아름다운 황후를 추모한다.

슬픔을 간직한 쇤브룬 궁전

씨씨 황후를 추억할 수 있는 최적의 장소는 '아름다운 샘'이라는 뜻을 지닌 쇤브룬 궁전이다. 빈에는 "슈테판 대성당과 쇤브룬 궁전을 보지 않았다면 빈

아름다운 쇤브룬 궁전은 씨씨 황후의 슬픔과
프란츠 요제프 황제가 겪은 여러 비극적인 사건들을 모두 간직하고 있다.

에 왔다고 할 수 없다"라는 말이 있다. 빈 남서쪽 교외에 위치한 쇤브룬 궁전
은 슬픈 이야기를 간직하고 있다. 총면적 2만 6,000제곱미터에 달하는 쇤브
룬 궁전은 평탄한 언덕 위에 옅은 색의 대리석을 쌓아 만들었다. 빈에 위치
한 합스부르크 왕가의 여러 궁전 가운데 가장 규모가 크고 아름답기로 유명
한데, 역사적으로 오랫동안 오스트리아의 통치자들이 이곳에 머물렀다.

1617년에 마티아스 황제가 사냥 도중에 발견한 샘의 물을 자주 마시면 아
름다워진다는 말이 전해 내려왔는데, 훗날 이곳에 궁전을 지으면서 '쇤브룬'
이라는 이름을 붙였다고 한다. 1696년에 레오폴트 1세가 당시 오스트리아에
서 가장 유명한 건축가였던 피셔 폰 에를라흐에게 새로운 궁전을 짓도록 명
령했다. 설계상으로만 보면 쇤브룬 궁전은 규모나 호화로움에서 프랑스의
베르사유 궁전에 뒤지지 않는다. 하지만 오스트리아 제국의 재력의 한계로
건축가의 계획은 제대로 이루어지지 못했다. 1730년에 완공된 쇤브룬 궁전
은 비록 베르사유 궁전에는 미치지 못하지만, 1,441개의 방과 2제곱킬로미
터에 이르는 정원을 갖추고 있어 합스부르크 왕가의 위엄을 보여주기에 부

족함이 없다. 1744년에 마리아 테레지아 여제가 니콜라우스 파카시에게 여름 별궁別宮으로 고쳐 지으라고 명령했다. 궁전의 문 입구에는 두 개의 오벨리스크가 있는데 그 위에는 황권을 상징하는 금독수리가 앉아 있다. 2층 높이의 궁전 건물과 통하는 정원의 마찻길에는 모두 작고 네모난 돌을 깔았다. 중심 건물 양옆에 선 건물 앞으로는 마당이 넓게 펼쳐져 있는데 이곳에 황제와 황족들이 머물렀다.

마리아 테레지아 여제가 통치하던 평화로운 시절에 당시 여섯 살이던 신동 모차르트가 쇤브룬 궁전에서 연주를 했다. 1805년 나폴레옹 군대가 빈에 진군했을 때도 이곳에 머물며 여제의 침실에서 잠을 잤다. 1814년 쇤브룬 궁전에서는 빈회의라는 마라톤 회의가 열려 유럽 각국의 지도자들이 여기서 1년여 동안 호화로운 생활을 했다. 프란츠 요제프는 1830년에 쇤브룬 궁전의 동쪽에서 태어났는데, 거기에는 아버지인 프란츠 카를과 어머니 조피의 방이 있었다. 청소년 시절에 여름마다 쇤브룬 궁전에서 시간을 보냈던 프란츠 요제프는 1848년 제위에 오른 뒤에는 대부분의 시간을 이곳에서 보냈다. 1916년에 세상을 떠날 때까지 그는 줄곧 궁전 서쪽 광장 맞은편 황제의 아파트에 머물렀다.

하지만 사람들은 대체로 쇤브룬 궁전과 씨씨 황후를 함께 묶어 생각한다. 열여섯 살의 씨씨가 오스트리아로 시집올 때 처음 머물렀던 곳이 바로 쇤브룬 궁전으로, 바로 이곳에서 황후로서의 인생을 시작했다. 1854년 4월 22일, 가족들의 환송을 받으며 빈에 도착한 씨씨는 이날 저녁을 쇤브룬 궁전에서 묵고 다음날 빈 시내로 들어갔다. 결혼한 뒤에도 부부는 쇤브룬 궁전에서 생활했다.

쇤브룬 궁전 중심 건물 2층의 오른쪽에는 프란츠 요제프의 접견실이었던 호두나무방이 있다. 프란츠 요제프는 기억력이 매우 좋아 오전에 무려 백 명이 넘는 사람을 접견하면서도 내방객의 이름과 외모까지 모두 기억했다고 한다. 그 옆은 황제의 집무실로 프란츠 요제프는 이곳에서 문서를 읽고 여러 지시 사항들을 전달했다. 성실을 최우선으로 생각했던 그는 항상 은색 군복을 입고 업무에 열중했는데, 매일 새벽 5시부터 밤늦도록 문서를 읽고 심지어는 아침식사와 간단한 점심식사도 모두 이곳에서 먹었다고 한다.

쉔브룬 궁전에서 가장 매력적인 장소는 바로 프란츠 요제프와 씨씨 황후가 함께 사용하던 침실이다. 이 침실은 1854년 결혼식이 거행되기 전에 완공되었는데 실내가 웅장하고 화려하다. 하지만 두 사람의 성격 차이와 여러 가지 복잡한 궁정 내의 갈등으로 부부가 이곳에서 함께 생활한 시간은 채 1년도 되지 않는다. 어쩌면 씨씨는 제국의 황후가 된 것을 후회했는지도 모른다. 그녀는 "결혼은 황당한 일이야. 열다섯 살밖에 안 된 어린아이가 무슨 말인지 이해도 못한 채 맹세를 한 대가로 30년이 넘는 세월을 줄곧 후회했어. 하지만 도저히 해결할 방법이 없어"라고 말했다고 한다. 가슴 아픈 장소가 된 쉔브룬 궁전을 떠난 씨씨 황후는 줄곧 장거리 여행을 했고, 빈에서 머무는 시간은 그리 길지 않았다.

이와 대조적으로 프란츠 요제프가 쉔브룬 궁전에 남긴 흔적은 많다. 그는 무려 68년간을 황제로 재위했고, 여든여섯 살에 세상을 떠났다. 쉔브룬 궁전

프란츠 페르디난트(1863~1914) 1889년 프란츠 요제프 1세의 외아들인 루돌프가 자살로 생을 마감하면서 오스트리아-헝가리 제국의 황태자가 되었다. 1908년에 보스니아와 헤르체고비나의 병합을 적극 주장함으로써 러시아와 오스트리아-헝가리 제국 간의 갈등을 심화시켜 '보스니아 위기'를 초래했다. 유고슬라비아의 독립을 반대하고, 오스트리아-헝가리 이원군주국을 오스트리아-헝가리-크로아티아의 삼원군주국으로 바꿀 것을 주장했다. 1914년 6월, 세르비아 국경에서 군사시연을 참관한 뒤 사라예보를 방문했다가 세르비아 청년에게 암살당했다. 이는 제1차 세계대전의 도화선이 되었다.

은 그의 인생에서 일어난 커다란 사건인 아름다운 황후를 맞이한 일, 맏딸 조피가 두 살에 세상을 뜬 일, 외아들이 자살한 일, 멕시코 황제였던 남동생이 현지의 혁명가들에게 총살당한 일, 한때 깊이 사랑했던 황후의 부보를 받았던 일들을 모두 목격했다. 더구나 1914년 여름, 제국의 후계자였던 페르디난트 대공이 사라예보에서 암살되자 연로한 황제는 이곳에서 제국을 제1차 세계대전의 소용돌이로 몰아넣은 조약에 서명할 수밖에 없었다. 1916년에 합스부르크 왕가에서 가장 오랫동안 재위한 군주는 쇤브룬 궁전에서 여러 해의 고독을 경험한 뒤에 세상과 작별했다. 2년이 지난 뒤, 합스부르크 왕가의 마지막 군주는 군주제를 포기하는 문서에 서명했다.

오스트리아 합스부르크 왕가

왕 루돌프 1세(1218~1291)

왕 미남 프리드리히(1286~1330)

황제 프리드리히 3세(1415~1593)

황제 카를 5세(1500~1558)

황제 막시밀리안 2세(1527~1576)

황제 마티아스(1557~1619)

황제 페르디난트 3세(1608~1657)

황제 요제프 1세(1678~1711)

황제 프란츠 1세(1708~1765)

황제 레오폴트 2세(1747~1792)

황제 페르디난트 1세(1793~1875)

황제 카를 1세(1887~1922)

왕 알브레히트 1세(1255~1308)

왕 알브레히트 2세(1397~1439)

황제 막시밀리안 1세(1459~1519)

황제 페르디난트 1세(1503~1564)

황제 루돌프 2세(1552~1612)

황제 페르디난트 2세(1578~1637)

황제 레오폴트 1세(1640~1705)

황제 카를 6세(1685~1740)

황제 요제프 2세(1741~1790)

황제 프란츠 2세(1765~1835)

황제 프란츠 요제프 1세(1830~1916)

오스트리아-헝가리 제국의 행정 구분

보헤미아 왕국, 달마티아 왕국, 갈리치아 로도메리아 왕국, 오스트리아 제국(상ㅗ오 스트리아와 하ㅏ오스트리아 포함), 부코비나 공국, 케른텐 공국, 카르니올라 공국, 잘 츠부르크 공국, 슐레지엔 공국, 스티리아 공국, 모라비아 변경백령, 티롤 백작령-포 어아를베르크 영토 포함, 오스트리아 연해변-괴르츠 그라디스카 백작령, 트리에스 테 시, 이스트리아 변경백령 포함, 헝가리 왕국, 크로아티아 슬라보니아 왕국, 피우 메(크로아티아 사람들은 '리예카'라고 부르는데 둘 다 '강'이라는 뜻을 갖고 있음—옮긴 이), 보스니아-헤르체고비나

○ 빈

○ 잘츠부르크

2장 | 음악의 도시 빈

사람들은 대개 빈이라는 이름과 함께 음악을 떠올린다. 밤하늘의 별처럼 밝게 빛나는 위대한 음악가들도 빈에 커다란 애정을 품었고, 가장 아름다운 곡들을 이곳에 남겼다. 모차르트, 베토벤, 슈베르트, 하이든, 슈트라우스 부자 같은 위대한 음악가들이 흔적을 남겼고, 심지어 빈의 풀 한 포기, 나무 한 그루, 벽돌 하나, 돌 하나에도 짙은 예술의 숨결이 깃들어 있다. 지금도 빈 곳곳에서 음악가들의 조각상을 볼 수 있고, 음악가들의 이름을 따서 지은 많은 거리와 공원, 극장, 회의실 등을 쉽게 발견할 수 있다. 빈을 거닐다 보면 어느새 과거의 기쁨과 괴로움, 달콤함과 슬픔이 가득한 이야기를 곱씹어보게 된다.

아름다운 풍경과 천년이라는 시간 동안 겪은 역사적 사건들은 모두 빈을 도 나우 강의 특별한 사랑을 받는 도시로 만들기에 충분하다. 사람들은 대개 빈 이라는 이름과 함께 음악을 떠올린다. 모차르트, 베토벤, 슈베르트, 하이든, 슈트라우스 부자 같은 위대한 음악가들이 흔적을 남겼고, 심지어 빈의 풀 한 포기, 나무 한 그루, 벽돌 하나, 돌 하나에도 짙은 예술의 숨결이 깃들어 있 다. 예술사학자 곰브리치는 자신의 책에 다음과 같이 썼다.

19세기 초에 빈을 여행한 어느 미국인이 쓴 글에서 빈 시민의 높은 음악 수준에 대 한 감탄을 엿볼 수 있다. "매일 저녁 집집마다 흘러나오는 음악 소리를 들을 수 있 다. 음악을 연주하는 이들은 모두 낮에는 제화공 또는 수공업자로 일하는 사람들 이지만, 그들의 연주 수준은 전문 음악가와 별반 다르지 않다."

밤하늘의 별처럼 밝게 빛나는 위대한 음악가들도 빈에 커다란 애정을 품었 고, 가장 아름다운 곡들을 이곳에 남겼다. 모차르트의 「피가로의 결혼」, 하 이든의 「황제 4중주」, 베토벤의 「교향곡 제3번 영웅」·「교향곡 제5번 운 명」·「교향곡 제6번 전원」·「피아노 소나타 제14번 월광」, 슈베르트의 「백 조의 노래」·「겨울여행」, 슈트라우스 2세의 「아름답고 푸른 도나우」·「빈 숲 속의 이야기」 등이 모두 빈에서 탄생했다. 지금도 빈 곳곳에서 음악가들의 조각상을 볼 수 있고, 음악가들의 이름을 따서 지은 많은 거리와 공원, 극장, 회의실 등을 쉽게 발견할 수 있다. 빈을 거닐다 보면 어느새 과거의 기쁨과 괴로움, 달콤함과 슬픔이 가득한 이야기를 곱씹어보게 된다.

도 나 우   강 이   낳 은   음 악   신 동

1756년 1월 27일, 도나우 강 상류의 오래된 도시 잘츠부르크의 궁정 악사 레오폴트는 아들을 얻은 기쁨에 얼굴에 미소가 떠나지 않았다. 그는 볼프강 아마데우스 모차르트라는 이름을 가진 이 아이가 훗날 세계적으로 인정받는 천재 음악가가 되리라고는 생각하지 못했다.

모차르트는 세 살 때부터 음악적 재능을 드러내기 시작했는데, 그의 재능은 사람들의 상상을 초월했다. 모차르트는 마치 아기가 말을 배우는 것처럼 자연스럽게 음악을 익혔다. 막 걸음을 걷기 시작한 모차르트는 아버지가 누나 마리아 안나('난넬'로도 알려져 있음—옮긴이)에게 음악을 가르치는 것을 듣고 뒤뚱뒤뚱 쳄발로(16~18세기에 널리 쓰인 건반악기로 피아노의 전신—옮긴이)로 걸어가 처음부터 끝까지 조금의 실수도 없이 모두 연주했다고 한다. 네 살이 되던 해 아버지는 피아노를 가르치기 시작했고, 곧 모차르트는 능숙하게 연주했다. 또 깜찍한 미뉴에트를 쓰기 시작했고, 악단을 위해 협주곡을 작곡하

1

2

1 모차르트는 도나우강 상류 지역의 도시 잘츠부르크에서 태어났다.
  오늘날 잘츠부르크는 바로크 양식의 건축과 알프스의 관문으로 유명하며,
  해마다 여름철에 잘츠부르크 음악제가 열리고 있다.

2 모차르트는 빈에서 마리아 테레지아 여제 앞에서 연주하는 영광을 얻었다.
  이때 모차르트는 실수로 넘어진 자신을 일으켜준 마리 앙투아네트 공주에게
  "어른이 되면 결혼하자"라고 말했다.

기도 했다. 다른 사람이 연주하는 것을 보면서 작은 바이올린을 켜는 연습도 했다. 어느 날 아버지가 친구 세 명과 함께 정원의 정자에서 현악사중주를 연주하자 어린 모차르트는 제2바이올린 부분을 조금도 틀리지 않고 연주했다. 모두 경악을 금치 못할 때 그는 다시 제1바이올린 부분을 연주했다. 모차르트가 여섯 살이 되던 해에 아버지는 바이올린을 가르치기 시작했다.

모차르트가 천부적인 음악적 자질을 보이자 아버지는 아들의 재능을 힘껏 키워보기로 결심했다. 당시 음악계에서 이름을 떨치려면 반드시 각국 상류 사회의 인정을 받아야 했기 때문에 아버지는 여섯 살이었던 모차르트를 누나와 함께 독일의 음악도시인 뮌헨으로 데리고 갔다. 모차르트 남매는 독일과 오스트리아의 모든 도시마다 귀족들의 저택에서 음악회를 열었는데, 가는 곳마다 사람들을 놀라게 만들었다. 어느 수도원에서는 모차르트 남매가 숙련된 기교를 뽐내며 파이프오르간을 연주하자, 파이프오르간이 이처럼 아름다운 소리를 낼 수 있으리라고는 꿈에도 상상하지 못했던 수도사들은 크게 놀라 아무 말도 하지 못했다고 한다.

모차르트 가족은 3년 동안 독일과 프랑스, 영국, 네덜란드 등을 돌아다녔다. 그들은 새로운 장소에 도착할 때마다 음악회를 열었고 어린 모차르트는 항상 귀부인들의 사랑을 독차지했다. 모차르트의 아버지는 친구에게 편지를 보내 이렇게 썼다. "그들이 아이에게 키스하는 만큼 금화를 주면 얼마나 좋겠는가." 모차르트의 음악적 재능은 유럽 전체에서 격찬을 받았다. 당시 어떤 영국 평론가는 "이 아이가 본능적으로 이해하는 음악이 여러 대성당의 음악가들이 한평생에 걸쳐 연구해서 터득한 것보다 훨씬 많다"라고 했다. 모차르트가 잘츠부르크로 돌아오면서 가져온 선물들은 가게 하나는 족히 차릴 정도로 많았다고 한다.

1 2
3

1 아버지 레오폴트는 어린 모차르트의 음악적 재능을 발견하고
  엄격히 교육시켰을 뿐만 아니라, 연주여행을 통해 모차르트의 천재성을 널리 알렸다.
2 어린 시절부터 음악 천재로 이름을 날린 모차르트는 빈의 특별한 사랑을 받았다.
3 천사들도 모차르트의 음악에 깊은 감동을 받는다.
  타고난 천재성으로 모차르트는 '하늘에서 쫓겨난 천사'라는 찬사를 받았다.

하지만 모차르트의 아버지는 '이 아이를 외진 잘츠부르크에서 오래 지내게 한다면 금세 세상 사람들에게 잊혀질 것'이라는 사실을 명확히 깨닫고 있었다. 그래서 그는 새로운 연주여행을 계획했는데, 여행의 목적지는 당시 음악계에서 매우 중요한 위치를 차지하고 있던 이탈리아였다. 당시 이탈리아에는 도시마다 오페라극장이 있어 오페라 작곡가와 가수는 전 세계 어디를 가든 좋은 대접을 받았고 가끔은 현지 음악가들의 일을 빼앗기도 했다. 모차르트의 아버지는 이탈리아에서 명성을 얻기만 한다면 모차르트의 성공은 순풍에 돛 단 듯 순조로울 거라 생각했다. 아니나 다를까, 모차르트 부자가 이탈리아 여러 도시를 여행하며 진행한 연주회는 매우 성공적이었다. 나폴리에서는 모차르트의 연주를 들은 사람들이 크게 놀라, 그가 끼고 있던 다이아몬드 반지가 마술을 부린다고 생각해 반지를 빼보라고 했다는 재미있는 이야기도 전해진다.

1763년부터 1773년까지 10년 동안 모차르트는 독일, 벨기에, 프랑스, 영국, 네덜란드, 이탈리아 등을 돌며 연주했고, 모든 나라에서 성공을 거두었다. 연주여행은 모차르트에게도 커다란 영향을 미쳤다. 그는 여행을 하면서 이탈리아 오페라, 프랑스 오페라, 독일의 기악器樂 등 당시 유럽에서 가장 선진적인 음악을 접할 기회를 가졌고 많은 작곡가들과 사귀었다. 그러나 소년 모차르트는 연주여행을 통해 상류사회의 예절과 화려한 예술 스타일의 영향을 받는 동시에, 시민 음악가라는 낮은 위치에서도 고결한 성품을 잃지 않았

잘츠부르크　　도나우 강 상류, 오스트리아 북서부에 위치한 도시로 798년에 대주교 관구로 승격되었다. 언덕에 위치한 잘츠부르크의 상징물인 호엔잘츠부르크 요새는 1077년에 지어졌다. 13세기에 잘츠부르크 대주교는 신성로마 제국 제후의 지위까지 올라갔고, 17세기에 계몽운동의 세례를 받아 잘츠부르크 대학교가 세워졌다. 모차르트는 1756년에 잘츠부르크에서 태어났다.

다. 나아가 권세가를 경멸하는 성향을 키웠다. 하지만 상업적인 성격이 짙은 공연은 어느 정도 건강에 무리를 주었다.

소년 모차르트가 가장 빛났던 시기는 빈에서 데뷔했을 때다. 당시 신성로마 제국은 마리아 테레지아의 통치 아래 번영을 누리고 있었다. 모차르트의 천재성을 들은 마리아 테레지아는 직접 '잘츠부르크의 신동'을 보고 싶어 했다. 황제와 황후 및 여러 궁정 대신들 앞에서 펼쳐진 모차르트의 공연은 큰 성공을 거두었다. 이때 여러 가지 테스트를 받기도 했는데, 예컨대 모차르트가 궁정 작곡가의 까다로운 협주곡을 연주하는 동안, 궁정 작곡가는 옆에서 악보를 넘기며 주제를 표현해내는 그의 즉흥 연주를 들었다. 연주가 끝나자 황제는 모차르트를 '작은 마술사'라고 불렀고, 황후는 다이아몬드 반지와 넓은 금색 테를 두른 짙은 자주색 비단옷을 선물했다. 그로부터 6년이 흐른 뒤인 1768년에 열두 살의 모차르트는 바이젠하우스 성당의 헌당식에서 마리아 테레지아와 다시 만났다. 헌당식을 위해 미사곡을 작곡한 모차르트는 직접 지휘를 하기도 했다.

1773년 말에 연주여행을 마치고 잘츠부르크로 돌아온 모차르트는 아버지의 지도하에 그동안 중단했던 음악 공부를 다시 시작했고, 여행 중에 얻은 지식과 여러 소재를 기반으로 수많은 곡들을 작곡했다. 이때 이미 성인이 된 모차르트는 자신의 비천한 지위에 불만을 품었다. 잘츠부르크 대주교의 궁정 악사가 된 모차르트는 고용주인 콜로레도 대주교가 자신을 억압하자 창작의 자유를 쟁취하기 위해 격렬한 투쟁을 벌였다. 오랜 투쟁 끝에 1777년 9월에 대주교의 동의를 얻어 다시 어머니와 함께 2년간의 연주여행을 떠났다. 영원히 잘츠부르크를 떠날 수 있기를 바랐던 모차르트는 뮌헨과 만하임에서 음악을 가르치거나 연주를 했고, 불평등에 대해 더욱 깊이 있는 인식을 쌓았다. 만하임에서는 일부 시민 음악가들의 도움과 동정을 받았고, 만하임 악파(만하임 시에 모여 활동한 18세기의 작곡가 집단—옮긴이)와 접촉해 일류 관현악단의 연주를 듣는 성과도 얻었다. 1778년 5월에는 파리에 갔지만 어머니가 병으로 죽고 혼자서 충분히 돈을 벌지 못하자 어쩔 수 없이 1779년 1월에 다시 잘츠부르크로 돌아왔다.

모차르트는 만하임에서 플루트 협주곡 2곡과 오보에 협주곡 1곡, 피아노와 바이올린을 위한 소나타 7곡, 피아노 소나타 3곡을 작곡했다. 파리에서는 「교향곡 제31번 파리」, 교향협주곡, 관현악을 위한 서곡, 플루트와 하프를 위한 협주곡, 피아노 변주곡 4곡, 피아노 소나타 4곡 등을 작곡했다. 이처럼 왕성한 창작활동 덕분에 그는 "베토벤이 최악의 고통을 견디며 신적인 경지에 도달한 '음악의 성자'라면, 모차르트는 '하늘에서 쫓겨난 천사'"라는 평가를 받는다.

자 유 를   추 구 한   음 악 가

음악의 신동이라는 찬사, 연주여행의 커다란 성공, 왕실과 귀족들의 총애. 소년 시절의 모차르트에게는 행운이 가득했다. 그러나 성인이 된 모차르트 앞에는 불행이 놓여 있었다.

1773년에 모차르트는 잘츠부르크 대주교의 궁정 악사가 되었는데 그의 아버지도 무척 부러워할 정도로 보장된 자리였다. 1774년부터 창작은 성숙기를 맞이했지만 불합리한 봉건제도에 대한 불만도 나날이 커져갔다. 모차르트는 사람의 가치를 출신이 아닌 재능과 도덕으로 결정해야 한다고 생각했다. 1781년에 대주교가 신분이 낮다는 이유로 자신을 계속 홀대하자 결국 참지 못하고 아버지의 만류에도 불구하고 그만두고 말았다. 이로써 모차르트는 오스트리아 역사상 가장 용감하고 과감하게 궁정과 교회에 반대해 개인의 존엄을 지킨 최초의 프리랜서 작곡가가 되었다.

궁정 악사를 그만둔 모차르트는 빈으로 건너와 이곳에서 인생의 마지막 10년을 보냈다. 빈에서 그는 오페라 「후궁으로부터의 유괴」를 써서 큰 성공을 거두었다. 같은 해 크리스마스에는 요제프 2세의 초청을 받아 귀빈 자격으로 호프부르크 왕궁을 방문했다. 1782년에는 아버지의 동의를 구하지도 않은 채 만하임 음악가의 딸인 콘스탄체 베버와 슈테판 대성당에서 결혼했다. 모차르트는 아내의 외모를 그다지 좋아하지 않았다고 하나, 두 사람은 슬하에 여섯 명의 자녀를 두었다.

빈에서 모차르트는 당시 이곳에 머물고 있던 요제프 하이든과 깊은 우정을 나눴고, 그에게서 사중주와 교향곡 창작기법을 배웠다. 프리랜서 작곡가의 길을 걷기 시작하면서부터 세상을 떠나기까지의 10년 동안은 모차르트의 일생에서 가장 중요한 창작기였다. 모차르트는 자신의 작품 속에 성장하고 있는 부르주아가 지닌 낙관적인 계급의식을 반영했고, 빈 진보 지식인들의 전형적인 사상과 감정을 표현해냈다. 1785년에 한때 도산했던 빈의 오페라극장이 부활하면서 모차르트는 오페라를 작곡할 기회를 얻었다. 「극장 지배인」, 「피가로의 결혼」, 「돈 조반니」 같은 유명한 작품들이 바로 이 시기에 창작되었다.

하지만 모든 속박을 끊고 존엄성을 지키기 위해 애썼던 예술가 모차르트는 자유의 즐거움을 누리는 동시에 다른 한편으로는 자유의 어려움을 더욱 생생하게 체감했다. 1786년 한창 전성기를 누리던 서른 살의 모차르트는 쇤브룬 궁전에서 황제 요제프 2세의 까다로운 눈길을 받으며 지휘자 안토니오 살

1 2 3
4

1 성인이 된 모차르트는 궁정이나 귀족 밑에서 일하지 않고 독립 음악가로 활동했다.

2 콘스탄체 베버는 악처라는 비판을 받기도 했지만,
모차르트는 일생 동안 그녀에게 애정이 담긴 편지를 썼다.

3 궁정 악사 안토니오 살리에리는 모차르트의 재능을 질투한 나머지
그를 독살했다는 의심을 받기도 했다.

4 모차르트는 빈이 낳은 위대한 음악가로, 오늘날에도 빈 시민들의 사랑을 듬뿍 받고 있다.

리에리와 대결을 벌였다. 요제프 황제의 주관적 판단으로 첫 번째 대결은 살리에리의 판정승으로 끝났는데, 이 일로 궁정사회와 엄격한 사교예절에 대한 모차르트의 반감과 증오는 더욱 심화되었다. 하지만 이보다 더 모차르트를 괴롭힌 것은 경제적인 어려움이었다. 여러 가지 복잡한 이유로 빈에서 모차르트는 가난에 허덕였다. 판 쉬비텐 남작이라는 후견인이 있었지만 수입이 지출에 비해 턱없이 부족한 날들이 허다했다.

어느 추운 겨울날 아침, 모차르트의 집을 찾아간 한 친구는 싸늘한 집 안에서 모차르트 부부가 손을 붙잡고 춤을 추고 있는 모습을 보았다. 이유를 물어보니 불을 뗄 석탄을 살 돈이 없어 춤을 추면서 추위를 잊으려고 했다는 것이다. 모차르트가 죽기 전 2년 동안이 경제난이 가장 심각했던 시기였다. 그는 친구에게 "죽음의 맛이 내 혀 위에 있다"라고 했다. 1789년 4월, 가난 속에 생활하던 모차르트는 제자 카를 리히노프스키 공작을 따라 베를린, 드레스덴, 라이프치히 등지에서 공연했다. 음악으로 세상을 뒤흔든 모차르트지만 경제적 어려움에서는 벗어나지 못했다. 1791년 9월에 모차르트는 자신의 마지막 오페라인 「마술피리」를 작곡하고, 중병을 앓으면서 대형 종교음악인 「레퀴엠」을 썼으나 결국 완성하지 못했다.

1791년 12월 5일, 가난과 질병에 찌든 모차르트는 빈 시내의 라우엔슈타

「피가로의 결혼」　　유명 극작가 피에르 오귀스탱 카롱 드 보마르셰가 1778년에 지은 동명의 희곡을 원작으로 했다. 희곡은 귀족의 부패와 타락을 폭로하는 동시에 강렬한 반봉건주의 색채를 띠고 있어 시대정신이 짙게 드러난다. 작품 스타일은 명랑하고 익살스러우며, 줄거리는 복잡하고 생동감이 넘치는데, 풍자와 욕설로 코미디의 효과를 더욱 강렬하게 만들었다. 1785~1786년 사이에 모차르트는 이를 4막의 코미디 오페라극 「피가로의 결혼」으로 개작했다. 이 작품은 평민인 피가로와 그의 아름다운 약혼녀 수잔나를 탐내는 귀족 주인 간의 다툼에서 피가로가 기지와 유머로 승리를 거두는 이야기를 그리고 있다. 사회성 짙은 이 코미디는 대혁명 전야의 프랑스에서 봉건귀족에 대한 폭로와 풍자로 큰 반향을 일으켰다.

모차르트의 음악은 아직도 빈 시내 곳곳에서 울려 퍼지고 있다.

인 거리 8번지의 자택에서 서른다섯 살을 일기로 세상을 떠났다. 바로 이 집에서 모차르트는 자신의 유명한 작품 가운데 하나로, 사람들이 세계 음악유산이라 일컫는 「레퀴엠」을 작곡했다. 모차르트는 빈의 극빈자들이 이용하는 성 마르크스 공동묘지에 묻혔다. 그런데 당시에 친족 누구도 장지葬地에 따라가지 않아 사람들은 오늘날까지도 모차르트의 묘지가 정확히 어디인지 알지 못한다.

모차르트는 평생 동안 오페라 20여 곡, 교향곡 40여 곡, 피아노 협주곡과 바이올린 협주곡·기타 악기의 협주곡 40여 곡, 피아노 소나타와 바이올린 소나타 50여 곡, 이 밖에 다수의 실내악과 성악 작품 등을 작곡해서 다양한 영역에서 고른 성취를 거뒀다. 이 작품들은 18세기 말, 봉건제도와 전제주의의 굴레에서 벗어나려던 피압박 신분의 독일, 오스트리아 지식인들이 추구하던 아름다운 사회와 광명, 정의, 인간의 존엄성 등을 반영한다. 그의 음악 스타일은 진지하고 섬세하면서도 통속적이고 우아하고, 경쾌하고 유려한 특징을 갖고 있다. 아울러 작품 대부분이 낙관적인 분위기로 가득해서 당시 성장하고 있던 독일과 오스트리아 부르주아의 진보정신을 반영한다. 빈에서의 후기 작품에는 비극적·연극적인 스타일도 드러나고 사회 모순을 더욱 두드러지게 반영했다. 모차르트는 교황으로부터 기사 작위를 받기도 했는데, 그는 자주 자신을 '기사 모차르트'라고 불렀다.

비록 모차르트는 살아서는 뛰어난 업적에 합당한 갈채와 찬미를 받지는 못했지만, 죽은 뒤에 재평가를 받았다. 이탈리아의 음악가 조아치노 안토니오 로시니의 말이 이 천재가 음악 역사에서 어떤 위치를 차지하는지 가장 잘 표현하고 있다. "모차르트는 가장 위대한 음악가는 아니지만, 분명 세계에서 유일한 음악가다."

요절한 모든 위인들처럼 모차르트도 비록 35년밖에 살지 않았지만 그를 둘러싼 이야기는 아직도 끝나지 않았다. 신비한 일은 바로 그의 죽음 직전에 일어났다.

가난과 질병에 고통받던 모차르트가 마지막 오페라 작품인 「마술피리」를 막 완성했던 때였다. 예술가의 모든 혼을 쏟아부은 걸작을 작곡하느라 기진맥진해진 모차르트의 건강은 더욱 악화되었다. 어느 날 밤 정체불명의 손님이 그의 집을 찾아왔다. 검은 옷을 입고 인기척도 없이 집 안으로 들어온 손님은 모차르트에게 「레퀴엠」을 의뢰하더니 기한도 없이 그저 빠른 시일 내에 쓰되 의뢰인이 누구인지 알려 하지 말라는 단서를 붙이고 돌아갔다. 마치 유령 같았던 남자가 돌아가자 모차르트는 불길한 징조를 느꼈다. 그는 예술가의 상상력을 발휘해 정체불명의 남자를 죽음의 신이 보낸 사자라고 여겼다. 이미 몸은 허약할 대로 허약해진 상태였는데 순간 어디에서 힘이 샘솟았는지 모차르트는 막힘없이 「레퀴엠」을 쓰기 시작했다. 살날이 얼마 남지 않았다고 생각한 모차르트는 친구에게 "나는 나를 위한 레퀴엠을 쓰고 있다네"라고 말했다고 한다. 과연 그의 말처럼 당대에 필적할 사람이 없었던 천재는 「레퀴엠」을 완성하기도 전에 세상을 뜨고 말았다.

이러한 사실 때문에 한동안 사람들은 죽음의 신으로 생각된 손님이 모차르트의 죽음에 책임을 져야 한다고 여겼고, 오랜 기간 음모를 꾸며온 것이 아닐까 의심했다. 하지만 훗날 밝혀진 바에 따르면 의뢰인은 모차르트에게 달리 악의가 없었고 그저 허영심에 가득 차 있을 뿐이었다. 의뢰인은 음악을 사랑하지만 재능은 없었던 백작으로, 남의 작품을 자신의 작품처럼 발표하기를 즐기던 인물이었다. 문제의 「레퀴엠」을 의뢰한 것도 세상을 떠난 아내의 1주기에 자신의 이름으로 발표하기 위해서였다.

모차르트의 사인死因을 둘러싼 논쟁에 비하면, 죽기 전에 발생한 모든 일은 그저 간주곡에 불과했다. 관련 기록에 따르면 모차르트는 1791년 11월 20일에 갑자기 병으로 몸져누웠다. 고열에 시달렸고 온몸이 견딜 수 없이 아프다고 호소했다. 팔다리도 심각하게 부어올랐다. 이때 정신만은 맑았는데, 그렇게도 음악을 사랑하는 사람이 새 울음소리를 견디지 못했다. 일주일 뒤 모차르트는 구토와 설사를 했고, 온몸이 부어올라 평상시에 입던 옷이 몸에 맞지 않아 입지 못할 정도였다. 1791년 12월 5일, 천재 음악가는 세상에 작별을 고함으로써 고통에서 벗어났다. 이후로 200여 년의 세월이 흘렀지만 사람들은 그의 아름다운 음악을 사랑하는 동시에 젊은 나이에 죽었다는 사실에 안타까움을 표한다. 그래서 모차르트의 사인을 끊임없이 추측했는데 결론이 참으로 다양하다.

죽기 전의 증상에 근거해 당시 많은 사람들은 모차르트가 류머티즘열로 죽었다고 생각했다. 빈 최고의 의사 두 명이 모차르트를 진료했는데, 그들은 사혈瀉血과 얼음찜질로 열을 내리려고 했지만 효과는 신통치 않았다. 모차르트가 죽은 뒤에 두 의사가 시체를 해부하지 않았기 때문에 사인을 밝히기는 더 어려워졌다. 그중 한 의사는 모차르트의 사지부종에 초점을 맞추어 한열병寒熱病으로 죽었다는 결론을 내렸다. 비록 이 결론이 대다수 연구자들의 신뢰를 얻지는 못했지만, 오늘날에도 많은 사람들이 믿고 있다.

2004년에 볼티모어의 메릴랜드대학교 의과대학에서 열린 제6차 미국임상병리회의에서 피츠제럴드 박사는 모차르트의 병력 연구를 통해 그가 류머티즘열로 죽었다고 결론을 내렸다. "류머티즘열은 세균으로 인해 발병하는 질병으로, 지금은 항생물질 기술의 발전으로 치료하기 쉬운 병이 됐지만 이백

여 년 전에는 불치병이었다. 류머티즘열은 모차르트의 심장기능을 쇠퇴시키고 전신부종을 일으켰다. 또 그가 갑작스럽게 새 울음소리를 싫어하게 된 것 역시 작은 움직임에도 초조해하고 불안해하는 류머티즘열 환자들의 전형적인 증상이다." 그녀는 모차르트가 폐병과 발진티푸스 같은 질병의 전형적인 증상을 보이지 않았기 때문에 이 두 가지는 사인에서 제외해도 된다고 덧붙였다.

하지만 일부 연구자들은 모차르트의 두개골을 토대로 진행한 연구를 통해 류머티즘열이 사인이라는 주장에 의문을 표시한다. 모차르트가 세상을 떠난 1791년부터 지금까지 그의 묘지가 정확히 어디인지 아무도 알지 못한다. 1855년에 시 당국이 무덤을 찾기 위해 노력했지만 결국 확실한 곳은 찾지 못한 채 모차르트의 묘지로 추정되는 위치에 기념비를 세웠다. 떠도는 이야기에 따르면 진짜 유해의 위치를 아는 도굴꾼이 모차르트의 두개골을 훔쳐갔다고 한다. 1902년에 모차르테움(오스트리아 잘츠부르크에 있는 모차르트 연구기관—옮긴이)은 여러 차례 우여곡절을 겪은 끝에 아래턱을 잃어버린 두개골을 소장했다. 그러나 이것이 진짜 모차르트의 두개골인지에 대해서는 진위 논란이 끊이지 않고 있다.

2006년 1월에 모차르트의 외할머니와 조카딸로 추정되는 유골과 두개골의 DNA를 대조해보았으나, 세 명이 한 가족임을 증명할 어떠한 유전적 연관성도 확인되지 않았다. 모차르트의 두개골은 오랫동안 전문가들의 관심을 끌었는데, 1991년 프랑스 프로방스대학교의 인류학자 피에르 프랑수아 푀슈는 두개골을 조사한 뒤에 깜짝 놀랄 결론을 발표했다. 그는 관자놀이의 갈라진 틈을 근거로 모차르트가 넘어져 머리를 다치면서 두개골에 금이 갔다고 보고, 모차르트는 머리 부상으로 인한 합병증으로 사망했을 가능성이 있다고 주장했다. 모차르트는 죽기 1년 전부터 극심한 두통을 호소했다고 한다. 비록 그의 주장이 인정을 받지는 못했지만 사람들의 흥미를 끌기에는 충분했다.

더욱 재미있는 것은 몇 년 전 미국 시애틀의 모 의학연구센터의 의사 잔 허시만의 의견이다. 그는 모차르트가 선모충증으로 죽었을 가능성이 매우 높다고 주장했다. 선모충증은 보통 기생충에 감염된 돼지고기를 덜 익힌 상태에서 먹을 때 발생하는 병인데, 사지부종과 발열, 가려움증 등의 증상이 나타난다. 모차르트가 살던 시절에는 심각한 선모충증이 사람들의 목숨을 빼앗기도 했다. 모차르트는 생전에 몸의 가려움증을 호소했다고 한다. 허시만은 1791년 10월 7일에 모차르트가 아내에게 보낸 편지에서 사인을 추정했다. 모차르트는 이 편지에서 "내가 무슨 냄새를 맡고 있느냐고? 포크커틀릿이지! 얼마나 맛이 좋은지! 나는 당신의 건강을 축원하며 먹는다오"라고 썼다. 이 편지를 쓰고 45일 뒤에 모차르트는 세상을 떠났다. 선모충의 잠복 기간은 보통 50일이므로 시간적으로는 선모충증이 들어맞는다. 허시만은 만약 모차르트의 사인이 선모충증이라면 모차르트는 이 편지에서 무심코 그 답을 알려준 셈이라고 말했다.

모차르트가 생전에 일부 세력의 원한을 샀기 때문에 요절했다는 주장은 일찍부터 있었다. 많은 사람들이 일부 단서에 근거해서 모차르트의 죽음이 석연치 않다고 여겼다. 모차르트가 죽은 지 일주일 뒤에 베를린의 한 신문사가 모차르트의 시체가 부어 있는 것으로 보아 독극물 중독에 의한 사망으로 추측된다는 기사를 내보냈다. 하지만 당시에 이 기사는 별다른 주목을 받지 못했다. 그러나 30년이 지난 뒤에 사람들은 다시 모차르트의 죽음에 대해 의문을 품기 시작했고, 분명히 누군가가 이 음악 천재를 죽였다고 상상했다. 그렇다면 누가 모차르트를 죽였단 말인가? 사람들은 심증이 가는 이들을 몇 명으로 압축시켰는데, 첫 번째 인물이 빈 최고 재판소의 서기관 프란츠 호프데멜이다. 그는 모차르트가 자신의 아내인 막달레나와 관계를 가진 것에 앙심을 품고 항상 모차르트를 죽이겠다고 떠벌리고 다녔다고 한다. 실제로 모차르트가 땅에 묻히던 날 호프데멜은 면도칼로 아내를 찌르고 자신도 목을 그어 자살했다. 두 번째 인물은 궁정 악사 살리에리다. 살리에리는 질투심이 매우 강했는데 항상 모차르트의 재능을 시기했다고 한다. 마지막 인물은 모차르트의 제자인 프란츠 하비어 쥐스마이어로, 그는 모차르트의 아내와 염문설이 있었다.

단언할 수 있는 건 이러한 혐의들은 모두 단지 추측일 뿐이라는 사실이다. 모차르트가 안장된 뒤에 당시 풍속에 따라 무덤은 다시 파헤쳐졌고, 다른 시체 한 구가 모차르트의 묘실을 차지해 그의 유골은 사방으로 흩어졌다. 이러한 상황에 비추어볼 때 모차르트의 사인에 관한 어떤 주장도 모두 결정적인 증거를 찾을 수 없다. 어찌되었든 간에 빈은 모차르트에 대한 빚을 모두 갚은 셈이다. 1891년 모차르트의 기념비는 성 마르크스 공동묘지에서 중앙묘지의 음악가 묘지로 옮겨졌고, 1896년 링 슈트라세 안쪽에 위치한 왕궁 공원 입구에 모차르트의 대리석 조각상이 당당한 모습으로 세워져 많은 추모객들의 발길이 이어지고 있다.

모차르트가 죽은 이듬해에 젊은 독일의 음악가가 빈에 왔다. 이 젊은이는 몇
해 전 모차르트와 짧은 만남을 가진 적이 있었는데, 그 역시 모차르트처럼
빈에서 위대한 음악의 드라마를 써 내려갔다. 그가 바로 독일의 위대한 음악
가이자 '악성樂聖'이라 일컬어지는 루트비히 판 베토벤이다.

베토벤은 1770년 12월 16일, 독일의 본에서 태어났다. 아버지는 지역 궁
정 성가대의 테너로 성격이 변덕스러운 술주정뱅이였고, 어머니는 요리사로
선량하고 온화한 성품을 지녔다. 베토벤은 가난한 가정형편 때문에 학교를
도중에 그만둬야 했지만 어려서부터 뛰어난 음악적 재능을 드러냈다. 그러
자 아버지는 그를 모차르트 같은 신동으로 키워 돈줄로 삼으려 했다.

아버지는 베토벤이 네 살일 때부터 그를 때리고 욕하면서 하루 종일 쉬지
않고 쳄발로와 바이올린 등을 혹독하게 연습시켰다. 여덟 살에 데뷔무대에
선 베토벤은 엄청난 성공을 거두었고 사람들은 그를 '제2의 모차르트'라 부

르기 시작했다. 이후 베토벤은 궁정 오르가니스트였던 크리스티안 고틀로프 네페에게 작곡을 배우기 시작해 1782년에 첫 번째 작품인 「드레슬러에 의한 행진곡 주제에 의한 변주곡」을 작곡했다. 열한 살 때부터 네페 밑에서 궁정의 오르간 보조연주자로 일했고, 열두 살이 되자 궁정 관현악단의 쳄발리스트가 되었다. 1780년대 후반에는 궁정 음악가와 음악교사뿐만 아니라, 궁정과 극장 오케스트라에서 비올라 주자를 맡았다. 베토벤은 가난한 가정형편 때문에 어릴 때부터 가정의 경제를 책임져야 하는 무거운 짐을 떠안았기 때문에 제대로 된 교육을 받지 못했다. 그는 궁정 극장에서 이탈리아와 프랑스, 독일의 실제 사회생활을 소재로 한 코미디 오페라와 유럽 각국 문호들의 작품을 접하면서 독학을 통해 성장했다. 열일곱 살이 되던 해에 어머니가 세상을 뜨자 어린 베토벤은 한 가정의 가장으로서 힘든 투쟁을 계속할 수밖에 없었다.

1789년 프랑스혁명의 발발은 금세 독일에도 영향을 미쳤다. 당시 본대학교 청강생이었던 베토벤도 혁명의 격정 속으로 빨려 들어갔다. 베토벤은 공화주의자가 되어 '자유·평등·박애'를 부르짖고 '인민·투쟁·승리'를 좇았다. 그리고 이러한 신념을 자신의 음악 속에 녹여냈다.

1792년에 음악의 도시 빈에 간 베토벤은 유명 작곡가인 하이든에게서 작곡법을 배웠다. 하지만 스승은 제자의 창작 속에 깃든 대범한 혁신성과 자유

요제프 하이든(1732~1809)　　로라우의 평범한 가정에서 태어난 하이든은 오랫동안 헝가리 에스테르하지 후작가의 악장을 지냈다. 1740년에 여덟 살이었던 하이든은 빈 슈테판 대성당의 소년합창대에 들어갔고, 후작가의 악단이 해산된 뒤에는 런던을 여행하며 창작활동을 했는데 이때 커다란 성공을 거두었다. 1793년에 오스트리아에 돌아온 뒤로는 빈에 머물면서 두 편의 후기 작품인 「천지창조」와 「사계」를 작곡했다. 오스트리아 황제에게 헌정한 「신이시여! 프란츠 황제를 보호하소서」 역시 그의 대표작으로, 오늘날 독일의 국가이기도 하다. 일생 동안 100곡 이상의 교향곡을 작곡해서 '교향곡의 아버지'라 불린다.

베토벤은 귀가 멀어가는 고통 속에서도 왕성한 창작욕을 불태웠다.
사진은 베토벤이 독일에서 살았던 집이다.

정신을 받아들이지 못했고, 결국 두 사람은 갈라서고 만다. 이후 베토벤은 끊임없는 노력으로 명성을 쌓아 초기에는 즉흥 연주로 빈 최고의 피아니스트로 인정받았고, 뒤에는 훌륭한 작곡가로 명성을 얻었다. 하지만 얼마 지나지 않아 베토벤은 음악가로서 최악의 불행을 맞이했다. 스물일곱 살 때부터 귀가 점점 들리지 않게 된 것이다. 음악가에게 이보다 더한 타격은 없었다. 게다가 그는 연거푸 실연의 고통을 겪었다.

귀가 점점 멀어간다는 사실을 명확히 깨달았을 때 베토벤은 절망에 빠지고 말았다. 처음에는 의사인 프란츠 베겔러와 슈테판 폰 브로이닝 같은 몇몇 친구들에게만 자신의 불행을 알렸다. 그는 귀가 멀었다는 사실을 다른 사람들이 알까 걱정한 나머지 왕궁 음악회에 참석할 수 있는 기회조차 포기했다. 그러나 베토벤은 결국 자신과의 싸움에서 승리를 거두었다. 그에게 음악은 아름다운 소리로 여러 주제와 음형音型을 배치하는 것일 뿐만 아니라, 가장 심오한 사상을 나타내는 언어이기도 했기 때문이다. "나는 운명의 멱살을 움켜쥘 거야"라는 결심을 보인 베토벤은 왕성한 창작욕을 불태우며 수많은 걸작들을 쏟아냈다.

「피아노 소나타 제14번 C# 단조 작품 27-2 '월광'」, 「교향곡 제2번 라장조」, 「바이올린 소나타 제9번 A장조 '크로이처'」, 「교향곡 제3번 내림 E장조 '영웅'」, 「피아노 소나타 제23번 F단조 '열정'」, 「교향곡 제4번 B단조」, 「교향곡 제5번 C단조」, 「교향곡 제6번 F장조 '전원'」, 「교향곡 제7번 A장조」, 「교향곡 제8번 F장조」와 「교향곡 제9번 D단조 '합창'」 등을 꼽을 수 있다. 이 가운데 「교향곡 제9번 합창」은 베토벤 최고의 걸작으로 평가된다.

기록에 따르면 「교향곡 제9번 합창」이 초연되었을 때 열광적인 호응을 얻어 베토벤은 청중으로부터 무려 다섯 번의 기립 박수를 받았다. 당시 황족

내빈에게도 기립 박수는 세 번밖에 보내지 않는 게 통례였던 것을 생각하면 엄청난 성공이었다. 결국 연주회는 경찰이 출동해서 청중의 열광을 제지하는 것으로 끝이 났다. 어떤 관현악도 자신의 사상을 완벽하게 표현하지 못한다고 생각한 베토벤은 상식을 깨고 마지막 악장에 사람들의 합창을 도입했고, 독일 시인 프리드리히 폰 실러의 시 「환희의 송가」를 가사로 사용했다. 이로써 「교향곡 제9번 합창」은 불후의 명곡이 되었다.

베토벤은 성격이 괴팍했던 것으로도 유명하다. 평민 출신으로 공화주의를 신봉한 그는 군주제를 증오해 집권자들을 안중에 두지 않았다. 이는 요한 볼프강 폰 괴테와의 만남과 관련된 에피소드에서 단적으로 드러난다. 1812년에 베토벤과 독일의 문호 괴테는 보헤미아에서 만나 한 달이라는 시간을 함께 보냈다. 두 사람은 서로에게 깊은 인상을 받았으나 우정을 나누지는 못했다. 베토벤은 괴테의 천재성을 존경했지만 그의 한 가지 행동을 절대 용납할 수 없었다.

어느 날 두 사람이 함께 산책을 했는데 저 멀리 오스트리아 황후가 귀족들과 함께 걸어오는 것이 보였다. 괴테는 베토벤의 만류에도 불구하고 즉시 길옆으로 비켜서서 정중히 인사를 했다. 그러자 베토벤은 "당신은 그러지 말아야 합니다. 귀족들의 위엄은 그저 자신들의 범속함과 무능함을 드러내는 우매함일 뿐입니다. 그들이 누군가에게 훈장을 준다고 해서 조금이라도 더 나

요한 볼프강 폰 괴테(1749~1832) 독일뿐만 아니라 유럽 전체에 커다란 영향을 미친 작가로, 시와 희곡, 산문 등 다방면에 걸쳐 모두 뛰어난 성취를 거두었다. 그가 살았던 18세기 중엽부터 19세기 초는 유럽 사회의 대변혁기였기 때문에 작품에는 독일의 문학운동인 '질풍노도'의 정신이 짙게 반영되어 있다. 주요 작품으로는 희곡 「괴츠 폰 베를리힝겐」, 중편소설 「젊은 베르테르의 슬픔」, 미완성인 시극詩劇 「프로메테우스」와 시극 「파우스트」 등이 있다. 이 밖에 많은 서정시와 평론 등을 남겼다. 괴테는 독일 문학을 유럽 문학의 정상으로 끌어올렸고, 나아가 세계 문학 발전에도 커다란 영향을 끼쳤다.

은 사람이라고 볼 수는 없습니다. 궁정 고문관이나 추밀 고문관이라는 직위를 줄 수는 있어도 당신 같은 시인이나 나와 같은 작곡가를 만들어줄 수는 없습니다"라고 말했다. 하지만 괴테는 여전히 공손히 길옆에 서 있었고 게다가 겸손한 미소까지 지었다.

　베토벤은 자신이 무슨 말을 해도 소용이 없다는 사실을 깨닫고는 고개를 빳빳이 들고 귀족들 사이를 뚫고 지나갔다. 그러자 베토벤을 알아본 오스트리아의 황후와 황태자가 오히려 먼저 인사를 건네고 모자를 벗어 존경을 표시했다. 하지만 그들이 괴테의 옆을 지나갈 때 괴테는 일찌감치 모자를 벗어 들고 정중히 절을 올리며 감히 고개를 들지 못했다. 베토벤은 통탄하며 괴테에게 말했다. "선생님은 저 사람들을 지나치게 존경하시는군요." 이처럼 베토벤은 집권자들에게 굽신거리지 않았기 때문에 음악적인 성공을 통해 가난과 질병에서 벗어날 기회를 얻지 못했다.

　1827년 3월 26일, 베토벤의 위대하고도 고통스러운 삶이 끝났다. 음악사적으로 베토벤은 클래식 음악을 집대성한 동시에 낭만주의 음악으로 가는 길을 열었고, 음악 발전에도 지대한 영향을 미쳤다. 그래서 사람들은 그를 음악의 성인聖人, 즉 악성이라 부른다.

불 멸 의　　명 곡

1787년 4월, 열일곱 살이었던 베토벤은 처음으로 음악의 성지聖地 빈에 발을 내딛었다. 당시 빈은 유럽 예술의 중심지로, 모차르트 같은 천재 음악가뿐만 아니라 하이든 같은 유명한 작곡가들이 즐비했다. 친구의 도움으로 빈에 온 베토벤은 자신의 음악을 더욱 발전시키기를 바랐다.

빈에 도착하고 얼마 지나지 않아 베토벤은 모차르트의 집에서 열린 모임에서 자신보다 열네 살이나 많은 모차르트를 만날 수 있었다. 베토벤은 모차르트를 매우 존경했기에 행동이 어려울 수밖에 없었지만, 자신의 특별한 재능을 드러내는 것을 잊지 않았다. 모차르트는 처음에는 베토벤이 오랫동안 연습한 곡을 연주하는 줄 알고 예의상 덤덤히 칭찬의 말을 건넸다. 하지만 이를 알아챈 베토벤이 화를 내며 모차르트에게 즉흥곡 주제를 요구했고, 주제에 맞춰 완벽하게 아름다운 선율을 창작해서 연주했다. 깊은 감명을 받은 모차르트는 급히 옆방에 가서 그곳에 모여 있던 친구들에게 외쳤다. "이 젊은이를 눈여겨보는 것이 좋을 거야. 이 젊은이가 머지않아 세상을 깜짝 놀라게 할 날이 올 테니까!" 이때의 만남으로 모차르트를 존경하는 베토벤의 마음은 더욱 깊어져 죽는 날까지 모차르트를 가장 존경했다고 한다.

하지만 베토벤은 어머니의 병이 위급해져 본으로 돌아올 수밖에 없었다. 베토벤은 결국 어머니와 영영 이별을 하고 말았다. 지나치게 폐쇄적인 본에서는 큰 진전을 이룰 수 없다고 생각한 베토벤은 빈에서 자신의 음악적 이상을 펼치기로 결심했다. 1792년에 다시 음악의 도시 빈에 온 베토벤은 다시는 다른 곳으로 옮기지 않았다. 그래서 그의 작품 가운데 대부분이 바로 빈에서 작곡되었다.

안타깝게도 당시 모차르트는 이미 세상을 떠난 뒤라 베토벤은 다시는 음악의 천재와 만날 수 없었다. 하지만 행운은 여전히 그의 편이었다. 당시 빈에는 막 전성기를 누리고 있던 하이든이 있었다. 처음 베토벤이 하이든 밑에서 작곡을 배울 때 두 사람은 서로의 재능에 감탄을 금치 못했으나, 성격과 음악에 대한 생각의 차이로 인해 결국 헤어지고 말았다.

빈에 정착한 베토벤의 작곡가로서의 삶은 결코 순탄하지 못했다. 빈에서 생계를 위해 그가 할 수 있는 일이라고는 고작해야 살롱에서 연주하는 것밖에 없었다. 당시에 음악가라면 교회 음악가, 극장 음악가, 연주가라는 세 가지 일에 종사할 수 있었지만 베토벤에게는 다른 일이 여의치 않았다. 대부분의 교회 음악가들은 빈 토박이들이었고 더구나 살리에리처럼 나이가 많은 사람들만 일할 수 있었다. 게다가 베토벤은 오페라를 써본 적이 없기 때문에 극장 음악가로 일할 수도 없어 열심히 살롱에서 연주를 하는 것밖에는 생계를 이어나갈 다른 방법이 없었다. 본을 떠나기 전부터 이미 즉흥 연주에 능한 피아니스트로 널리 이름을 떨쳤던 베토벤은 금세 빈에서도 유명해졌고, 연주 수입 외에도 리히노프스키 공작 같은 귀족들의 후원을 받았다. 결국 베토벤은 생활고 때문에 유명 피아니스트가 되었다.

하지만 빈 상류사회 사람들의 눈에 베토벤은 너무나 불손했다. 친구이자 후원자였던 리히노프스키 공작과도 결국 갈등을 빚고 말았다. 갈등은 베토벤이 시골 장원에서 프랑스 장교들을 위해 연주해달라는 공작의 요청을 거절하면서 빚어졌다. 공작은 크게 분노해서 정색하며 '요청'을 '명령'으로 바꾸었다. 그러나 베토벤은 일말의 주저함도 없이 거절의 뜻을 밝혔고, 집으로 돌아와 공작이 선물한 흉상을 마룻바닥에 집어던져 부숴버렸다. 베토벤은 공작에게 보낸 편지에 다음과 같이 썼다. "당신이 공작이 될 수 있었던 것은 그저 우연한 출생 때문입니다. 하지만 제가 베토벤이 된 것은 온전히 노력 때문입니다. 요즘은 널린 게 공작입니다. 앞으로도 그럴 테고요. 하지만 베토벤은 영원히 하나입니다!"

당시 유럽에서는 유명 인사가 몸에 지니던 물품을 간직하는 것이 유행이었다. 어느 백작부인이 머리카락을 요구하자 베토벤은 종이에 염소 수염을 싸서 보내주었는데, 백작부인은 아무것도 모른 채 베토벤의 머리카락이라고

1

2 3 4

1 베토벤은 음악가로서는 치명적인 귓병을 앓았고 결국 귀가 멀었지만
  이를 정신력으로 극복하고 사람들의 영혼을 울리는 수많은 작품들을 남겼다.
2 독일의 문호 볼프강 폰 괴테는 공화주의자였던 베토벤과 이견을 보여 끝내 우정을 나누지는 못했다.
3 요제프 하이든은 빈에 온 베토벤에게 작곡을 가르쳤다.
4 마지막 악장에 사람들의 합창을 도입한 「교향곡 제9번 합창」은
  베토벤의 불후의 명곡으로 평가받고 있다.

생각해 소중히 간직했다고 한다. 어느 날은 귀족 몇 명이 운이 좋게도 베토벤을 초청해 피아노 연주를 들었다. 처음에는 베토벤의 기분도 괜찮았지만 점차 자신을 부른 목적이 연주를 듣는 게 아니라 남에게 보이기 위한 겉치레에 불과하다는 사실을 깨달았다. 베토벤은 피아노 덮개를 덮고 화난 목소리로 "나한테는 돼지들에게 피아노를 쳐주는 취미 따위는 없어!"라고 소리를 질렀다. 그리고 만류하는 사람들을 뿌리치고 나가버렸다.

빈에서 베토벤은 집 안을 난잡하게 흩뜨려놓았을 뿐만 아니라, 공기를 잘 통하게 하고 창밖 풍경을 잘 보기 위해 창문 한 짝을 떼어내기도 했다. 또 창작열이 최고조에 오르면 아래층까지 물이 샐 정도로 머리에서부터 물을 뒤집어썼다. 이러한 괴팍한 행동은 항상 집주인과 다른 세입자들의 항의를 불러일으켰고 결국 끊임없이 이사를 다닐 수밖에 없었다. 그래서 옮기기 편하도록 피아노 다리를 잘라버리고 바닥에 앉아 피아노를 쳤다는 이야기도 전해진다. 베토벤은 새로운 집을 얻을 때마다 임대계약서에 임대 기한을 명확히 표기했다. 그는 거의 동시에 아파트 네 채에 대한 임대료를 내야 했기 때문에 많은 돈이 필요했다.

베토벤은 본에서 태어났지만 그에게 생명력을 불어넣어준 곳은 빈이다. 음악의 도시 빈은 베토벤의 환희와 슬픔 그리고 그의 음악이 거둔 찬란한 업적을 전부 목격했다. 교향곡 9곡은 모두 빈에서 초연되었고 유일한 오페라 「피델리오」 역시 테아터 안 데어 빈에서 초연되었다.

1801년 줄리에타 주치아르디를 사랑하게 된 베토벤은 「월광 소나타」를 그녀에게 바쳤다. 하지만 그녀는 어린애 같고 이기적이어서 그의 숭고한 영혼을 전혀 이해하지 못했고, 1803년에 다른 남자와 결혼해버리고 만다. 절망한 베토벤은 유서를 썼다. 하지만 사랑의 시련을 겪은 베토벤은 어둠 속에서 걸어 나와 명랑하고 낙관적인 「교향곡 제2번」을 작곡했고, 이어 「교향곡 제3번 영웅」, 「교향곡 제5번 운명」, 「교향곡 제6번 전원」을 작곡했다. 이 밖에도 아름답고 즐거움이 가득한 바이올린 협주곡과 피아노 협주곡, 소나타 등을 작곡했다.

특히 「교향곡 제3번 영웅」은 베토벤의 정치적 이상을 응집시킨 작품이라 할 수 있다. 자유·평등·박애를 부르짖던 그는 1789년 프랑스혁명의 철저한 옹호자였다. 1798년 장 바티스트 베르나도테 장군이 빈 주재 프랑스 대사가 되자 베토벤은 자주 그의 집을 찾았고 주변 사람들과도 긴밀히 교류했다. 1802년 베토벤은 베르나도테의 건의를 받아들여 나폴레옹에게 바치는 「교향곡 제3번 영웅」의 작곡을 시작했다. 그에게 나폴레옹은 전제왕권을 무너뜨리고 공화주의의 이상을 실현한 영웅이었다.

1804년에 곡을 완성한 베토벤에게 나폴레옹이 황제로 즉위했다는 소식이 날아들었다. 이 소식을 제자 페르디난트 리스로부터 들은 베토벤은 크게 화내며 "나폴레옹도 한낱 평범한 인간에 지나지 않는구나! 그 역시 인간을 짓밟는 다른 폭군들과 전혀 다를 바 없군!"이라고 말했다. 책상으로 다가간 베토벤은 헌사를 갈기갈기 찢어 바닥으로 버리더니 줍지 못하게 했다. 한참이 지나 화가 누그러진 뒤에야 이 작품을 세상에 공개했다. 1804년 12월에 로프코비츠 공작의 저택에서 처음 연주되었고, 1805년 4월에 비로소 빈 오페라 극장에서 베토벤의 지휘로 공개 연주회가 열렸다. 음악을 통해 평생 동안 전제주의와 투쟁을 벌인 베토벤은 1820년대 유럽 혁명의 불길이 오스트리아에까지 번지자 빈 경찰국의 주요 감시대상이 되었다. 하지만 이런 상황에서도 그는 오스트리아 황제에게 대놓고 욕을 퍼부었다. "그런 불한당은 목을 매달아야 해."

1822년부터 베토벤은 자신의 마지막 걸작인 「교향곡 제9번 합창」의 작곡을 시작했다. 베토벤은 이 작품을 작곡할 때도 창작열을 유지하기 위해 네 번이나 이사를 갔다. 1년 반을 매진한 끝에 1823년 말에 베토벤 인생철학의 결정체라 할 수 있는 「교향곡 제9번 합창」이 완성되었다. 하지만 이 곡의 초연에는 많은 어려움이 따랐다.

계약에 따르면 원래 영국 런던에서 초연돼야 했지만 베토벤은 음악의 도시 빈이 최상의 선택이라 생각했다. 하지만 당시 빈에서는 로시니의 오페라가 절대적인 인기를 누리고 있었고, 심지어 어떤 이는 베토벤의 음악은 이미 한물갔다고 공격했다. 이러한 상황 때문에 베토벤은 베를린에서 초연을 갖기로 계획을 변경했다. 그러자 시민들이 「교향곡 제9번 합창」은 반드시 빈에서 처음 연주되어야 한다고 강력히 주장했고 많은 사람들이 간절한 마음을 담은 편지를 보내 빈을 떠나지 말아달라고 부탁했다. 결국 베토벤은 마음을 돌려 빈에서 초연하기로 결정했다. 하지만 이것이 끝이 아니었다. 곡 연습 과정에서도 많은 문제들이 발생했다.

「교향곡 제9번 합창」은 악단과 연주자들에게는 힘든 시험일 수밖에 없었다. 우선 고난이도의 소절들이 많아 연주자들은 반드시 탄탄한 기초와 뛰어난 기교를 갖춰야만 했다. 게다가 베토벤의 작품 가운데 유일하게 사람의 목소리를 도입한 교향곡이라서 당시 초연 연습에 참여했던 성악가들이 일부 고난이도의 단락에서 마음에 드는 모습을 보이지 못하자 베토벤은 크게 분노했다. 이러한 요소들이 한데 섞여 처음 연습은 별다른 수확 없이 끝나고 말았다. 심지어는 베토벤에게 일부 단락을 바꿔 표현상의 난이도를 낮춰달라는 요구도 있었지만, 예술적으로 완벽함을 추구하는 베토벤은 단 하나의 음표도 바꾸지 않았다. 결국 공연 날짜를 바꿀 수밖에 없었다. 다행히 시간이 흐를수록 연습은 활기를 띠었고 내용도 나날이 좋아졌다. 드디어 1824년 5월 7일, 빈의 케른트너토어 극장에서 「교향곡 제9번 합창」의 초연 음악회가 열렸다. 연주가 끝나자 깜짝 놀랄 만한 광경이 펼쳐졌다. 관중은 열광적인 박수를 보내면서 환호했고 많은 이들이 감동해서 울음을 터뜨렸다. 사람들은 끊임없이 무대 가까이로 몰려들었다. 그들은 웅장한 선율에 감동을 받아 이미 예의 따위는 안중에 없었다. 하지만 정작 작곡가 베토벤 자신은 귀가 멀어 어떤 환호나 박수 소리도 듣지 못했다. 하지만 열정적인 장면을 목격하고는 너무나 감동한 나머지 정신을 잃고 말았다.

어느덧 200여 년의 시간이 흐른 지금, 베토벤의 「교향곡 제9번 합창」은 세계적인 불후의 명곡이 되었다. 200여 년의 세월 속에서 이 장엄한 작품에 감명받지 않은 음악가와 작곡가는 아마 없을 것이다. 어쩌면 바로 이 작품 때문에 베토벤은 신神적인 인물이 되었는지도 모른다. 한 가지 덧붙이면 「환희의 송가」는 오늘날 유럽연합가로 사용되고 있다.

「교향곡 제9번 합창」 초연이 베토벤의 마지막 공식석상에서의 모습일 거라고는 아무도 예상하지 못했다. 하지만 베토벤은 간경변증을 앓고 있었다. 1826년 네 차례에 걸친 수술에도 차도를 보이지 않았다. 더구나 그해 12월 늑막염성 감기에 걸린 베토벤은 결국 1827년 3월 26일 휘몰아치는 눈보라 속에 세상을 떠났다.

어떤 의미에서 본다면 베토벤은 모차르트보다 운이 좋았다고 할 수 있다. 3월 29일, 베토벤의 장례식에는 2만 여 명의 사람들이 참석해 그의 죽음을 애도했다. 문학의 거장 프란츠 그릴파르처는 추도사를 통해 "베토벤은 자신의 전부를 우리에게 헌신하고 우리에게서는 아무것도 얻지 못했습니다. 그리하여 그는 우리에게서 멀리 떠나갔습니다"라고 말했다. 평소 베토벤을 존경했던 슈베르트도 장례행렬에 참여했다. 1880년에 베토벤을 숭배하는 사람들이 아카데미 김나지움 옆 광장에 기념비를 세웠고, 이때부터 이곳은 베토벤 광장으로 불린다. 9명의 푸토putto(르네상스기의 장식적인 조각으로, 큐피드 등 발가벗은 어린이 상—옮긴이)들이 베토벤 동상을 둘러싸고 있는데 이는 위대한 음악가가 남긴 불후의 교향곡 9곡을 상징한다.

아름답고
푸른
도나우

왈 츠 왕 조 를 세 우 다

19세기 전반 동안 빈은 최고의 전성기를 구가했다. 오스트리아 제국의 번영으로 오래된 제국의 수도인 빈에서는 춤과 노래가 끊이지 않았다. 그래서인지 유럽의 19세기는 '춤의 세기'로, 빈은 '왈츠의 고향'으로 불린다. 왈츠를 이야기할 때 슈트라우스 가족을 빼놓을 수 없다. 슈트라우스 가족은 19세기에 오스트리아 빈에서 명성을 떨친 음악가 집안으로, 요한 슈트라우스 1세(1804~1849)와 그의 세 아들, 즉 요한 슈트라우스 2세(1825~1899)와 요제프 슈트라우스(1827~1870), 에두아르트 슈트라우스(1835~1916)를 가리킨다. 바로 이들이 음악계에서 높은 명성을 떨친 왈츠 왕조를 세웠다.

요한 슈트라우스 1세는 1804년 3월 14일 빈에서 태어났다. 할아버지 요한 미하엘 슈트라우스는 헝가리 사람으로 본래 도나우 강 연안의 도시 부다에 살았는데, 요한 슈트라우스 1세의 아버지인 프란츠 보르지아스 슈트라우스 때 온 가족이 오스트리아로 이주했다. 요한 슈트라우스 1세는 폴리샨스키에게서 바이올린을 사사받았고, 1817년 이후에는 미하엘 파머의 댄스악단에 들어가 비올라를 연주했다. 1819년에는 요제프 라너 사중주단의 멤버가 되어 연주를 하며 종종 지휘도 담당했다. 1825년 마리아 안나 슈트라임과 결혼해서 세 명의 아들을 낳았다. 이때 그는 라너와 결별하고 자신의 악단을 만들어 많은 곡들을 작곡했다. 1849년 9월 25일, 요한 슈트라우스 1세는 성홍열에 걸려 빈에서 마흔다섯의 나이에 세상을 떠났다. 그의 유해는 평생지기인 라너와 함께 되블링거 묘지에 묻혔다가, 1904년에 두 사람의 위대한 업적을 기리기 위해 빈 중앙묘지의 특별 명예지로 이장되었다.

요한 슈트라우스 1세는 평생 150여 곡의 왈츠와 수십 곡의 폴카(19세기 초 보헤미아 지방에서 일어나 전 유럽에 퍼진 4분의 2박자의 경쾌한 춤곡―옮긴이), 행진곡을 작곡했다. 그중에서 왈츠는 「로렐라이―라인의 노래」가, 전체 작품 가운데는 「라데츠키 행진곡」이 가장 유명하다. 하지만 그의 최대 업적은 작곡가 라너와 함께 빈 왈츠의 기초를 다진 것이다. 기존의 왈츠는 템포가 비교적 완만하고, 한 소절의 3박자의 길이가 같았다. 그러나 빈 왈츠는 제2박과 제3박을 조금 어긋나게 하는 독특한 리듬과 빠른 템포를 사용한다. 구조적으로는 빈 왈츠가 기존의 왈츠보다 조금 더 복잡해서 도입부와 독립된 몇 개의 소왈츠 그리고 코다로 이루어진다. 당시의 유명 음악가인 엑토르 베를리

왈츠　　원무곡圓舞曲이라고도 하는 왈츠는 본래 농민들의 춤에서 유래되었는데, 귀족들의 궁정 무도회에서 유행했다. 왈츠의 템포는 랜들러풍의 완만한 왈츠와 빈풍의 빠른 왈츠가 있는데, 흔히 왈츠라 할 때는 대부분 빠르고 경쾌한 템포와 부드러운 선율의 빈 왈츠를 지칭한다. 춤을 출 때는 두 사람이 쌍을 이루어 회전한다. 17, 18세기 빈 궁정에서 유행하면서 널리 퍼져 도시의 무도회에서도 인기를 누렸고, 19세기부터는 유럽 각국에서도 유행했다. 세계 음악사에서 오스트리아 작곡가 요한 슈트라우스 2세는 왈츠의 왕으로 불리는데, 작품 가운데 오스트리아 '제2의 국가'라 불리는 「아름답고 푸른 도나우」가 가장 유명하다.

오즈는 요한 슈트라우스 1세를 '빈 왈츠의 아버지'라 부르며 "슈트라우스가 없는 빈은 도나우 강이 없는 오스트리아와 같다"라고 말했다.

요한 슈트라우스 1세의 음악적 재능은 자식들에게 그대로 대물림되었다. 둘째 아들 요제프 슈트라우스는 원래 건축가였으나 1853년에 형 요한 슈트라우스 2세를 대신해 악단의 지휘를 맡았고 나중에는 자신의 악단을 조직해 283곡의 왈츠를 작곡했다. 그가 작곡한 폴카 「잠자리」는 오늘날까지도 자주 연주된다. 요제프의 동생이자 요한 슈트라우스 1세의 막내아들인 에두아르트 슈트라우스는 1862년 지휘자로서 데뷔무대를 가졌고, 1872년 요한 슈트라우스 2세를 대신해 궁정 무도회 악장이 되었다. 그는 평생 300여 곡의 왈츠를 남겼는데 그중 대부분은 폴카다. 슈트라우스 가족 가운데 가장 빛나는 업적을 남긴 사람은 단연 요한 슈트라우스 2세다. 그는 빈에 더욱 아름다운 색깔을 입혔다.

왈츠의 왕 슈트라우스 2세

왈츠의 왕 요한 슈트라우스 2세는 1825년 빈에서 요한 슈트라우스 1세의 맏아들로 태어났다. 그는 은행원이 되기를 바라는 아버지의 기대를 저버리고 아버지 악단의 수석 바이올리니스트에게 몰래 바이올린을 배우고, 요제프 드레히슬러에게서 작곡을 배웠다. 1844년에는 15인조 악단을 구성해 자신과 아버지의 왈츠를 연주했다. 1849년 요한 슈트라우스 1세가 세상을 뜨자 아버지의 악단을 인수해 오스트리아와 폴란드, 독일 등지에서 연주했다.

유명 음악가가 된 요한 슈트라우스 2세는 '왈츠의 왕'이라는 칭호를 얻으며 슈트라우스 가족 가운데 가장 큰 업적을 남겼다. 나아가 19세기 빈에서 왈츠가 유행하는 데도 커다란 공헌을 했다. 그가 왈츠의 왕으로 불리게 된 것도 본래 농민의 춤곡이던 왈츠를 합스부르크 왕가의 고상한 오락거리로 끌어올렸기 때문이다. 1855년에는 러시아의 상트페테르부르크까지 연주여행을 했고, 1863년부터 1872년까지는 오스트리아 궁정 무도회의 지휘자로 활약했다. 그는 평생 동안 500여 곡의 작품을 작곡했는데, 대다수가 왈츠, 폴카, 행진곡 및 오페레타(소형 오페라—옮긴이) 같은 춤곡이다. 그중에서도 특히 아버지가 기틀을 마련하고 자신이 더욱 발전시켜 완성한 빈 왈츠로 이름을 떨쳤다. 그의 작품 가운데 전 세계적으로 가장 유명한 곡이 「아름답고 푸른 도나우」다.

「아름답고 푸른 도나우」는 원래 국위 진작을 위해 작곡되었다. 당시 빈 남성합창단의 지휘자였던 요한 헤르베크가 프로이센과의 전쟁에서 참패해 암울한 나날을 보내고 있던 오스트리아 국민들에게 새로운 용기와 희망을 북돋워줄 수 있는 합창곡을 의뢰했다. 어느 날 요한 슈트라우스 2세의 머리에 독일 시인 칼 베크가 도나우 강을 묘사하며 쓴 "도나우 강변에 / 아름답고 푸른 도나우 강변에"라는 시 한 구절이 떠올랐다. 이 시의 매력적인 예술적 정취는 그에게 음악적 영감을 불러일으켰다. 이렇게 해서 「아름답고 푸른 도나우」가 탄생했다.

곡이 완성되자 빈 남성합창단의 한 시인이 곡에 맞춰 작사를 했는데, 가사가 거칠고 내용이 당시와 맞지 않아 1867년 2월 15일에 초연되었을 때는 별다른 호응을 얻지 못했다. 그러나 반년 뒤인 파리 만국박람회 개관 기념연주에서 요한 슈트라우스 2세가 직접 관현악곡 「아름답고 푸른 도나우」를 지휘했을 때는 상상을 초월하는 열광적인 호응을 얻었다. 이튿날 프란츠 폰 게르네트가 음악과 어울리는 가사를 다시 써주었고, 이후 관현악곡과 합창곡 「아름답고 푸른 도나우」는 전 세계에 널리 퍼져 요한 슈트라우스 2세의 대표곡이 되었다. 작곡가 빌헬름 리하르트 바그너는 이 작품을 "아름답고 정교할 뿐만 아니라 진정한 음악이라는 점에서 동시대의 여러 작품들을 뛰어넘는다"라고 격찬했다.

특히 재미있는 사실은 음악적으로 뛰어났던 요한 슈트라우스 부자가 줄곧 팽팽하게 대립했다는 점이다. 요한 슈트라우스 1세는 아들이 음악가가 아닌 은행원이 되기를 바랐고, 아들이 자기 몰래 음악을 공부한다는 사실을 알고는 터무니없는 일로 사사건건 간섭했다. 요한 슈트라우스 2세는 열일곱 살이 되던 해에 아버지 요한 슈트라우스 1세가 정부情婦 에밀리에 트람부슈와 바람이 나 집을 나가면서부터 음악에 집중할 수 있었다. 이후 요한 슈트라우스 2세의 음악은 나날이 발전했고 여러 유명 인사들의 높은 평가를 받았다.

요한 슈트라우스 2세가 음악가로 성장함에 따라 더욱더 대중의 환영을 받았고 결국 아버지의 명성을 앞질러 세계에서 가장 유명한 왈츠 작곡가가 되었다. 그는 자신의 악단과 함께 오스트리아와 폴란드, 독일 등을 순회하며 연주했는데, 음악회에서 단 한 곡만 지휘하고 곧바로 다른 음악회장으로 달려가야 하는 때도 많았다. 1848년 2월 24일, 빈에서 시민혁명이 일어나자 요한 슈트라우스 2세는 정부 편에 섰던 아버지와 대립해 진보적인 공화파에 참가했다. 결국 그는 두 번에 걸쳐 왕실 무도회 지휘자 직위를 박탈당했다. 1849년에 요한 슈트라우스 1세가 빈에서 성홍열로 세상을 뜨자 요한 슈트라우스 2세는 자신과 아버지의 악단을 합쳐 다시 유럽 순회연주에 나섰다.

요한 슈트라우스 1세가 빈 왈츠의 창시자라는 데 이의를 제기할 사람은 없다. 많은 이들이 요한 슈트라우스 1세가 없었다면 요한 슈트라우스 2세가 왈츠의 왕이 되기는 어려웠다고 이야기한다. 하지만 재능만 놓고 보면 요한 슈

1 2 3
4

1 요한 슈트라우스 1세는 빈 왈츠의 기초를 다져 왈츠의 아버지로 불린다.
2 요세프 라너는 요한 슈트라우스 1세의 음악적 동반자였다.
3 요한 슈트라우스 2세는 왈츠의 왕으로 불리는데,
오늘날까지 사람들의 사랑을 받는 왈츠를 많이 남겼다.
4 슈트라우스 부자의 아름다운 음악 덕분에
빈의 푸른 도나우 강가에서는 왈츠의 선율이 멈추지 않는다.

지금도 빈 곳곳에서 왈츠의 왕 요한 슈트라우스 2세의 흔적을 찾아볼 수 있다.

트라우스 2세가 단연 두드러진다. 하지만 요한 슈트라우스 1세는 생전에 이 점을 인정하려 하지 않았다. 아들의 음악적 재능이 자신을 뛰어넘는다는 사실을 발견했을 때 요한 슈트라우스 1세는 더 이상 아들이 음악을 하지 않기를 바랐고 온갖 방법을 동원해 방해했다. 심리학자들은 요한 슈트라우스 1세를 심각한 질투심의 소유자라고 이야기하는데, 친아들도 질투의 대상에서 예외는 아니었다.

1899년 5월 22일, 오페레타 「박쥐」 초연 당시 요한 슈트라우스 2세는 직접 테아터 안 데어 빈에서 서곡을 지휘했다. 하지만 연습 기간 동안 감기가 폐렴으로 발전했고, 결국 6월 3일 빈에서 일흔네 살을 일기로 세상을 떠났다. 장례는 매우 성대하게 치러졌는데, 10만 명의 빈 시민들이 자발적으로 장례행렬에 참여했다.

프라하 ○

3장 | 문학의 도시 프라하

서유럽과 동유럽을 잇는 십자로에 위치한 체코는 역사적으로 여러 차례 변란을 겪었다. 하지만 신기하게
도 수도 프라하만큼은 줄곧 보호를 받았다. 덕분에 중세 이래 각 시기의 다양한 건축물들이 온전히 보존
되어 도시 전체가 마치 유럽의 건축예술 박물관처럼 보인다. 1992년에는 구시가를 중심으로 프라하 역사
지구가 유네스코 세계유산으로 지정되었다. 프라하에는 국가가 중점적으로 보호하고 있는 역사 유적만
해도 무려 2,000여 곳에 달한다고 한다. 구시가지인 스타레메스토 지역은 거의 모든 거리와 골목에서 중
세기의 모습을 잘 간직한 13세기부터의 건축물들을 볼 수 있다. 이외에도 도시 전역에 로마네스크 양식부
터 고딕, 르네상스, 바로크, 아르누보 양식까지 다양한 건물과 탑이 즐비해 '백탑의 도시'로 불린다.

1
2

1 유네스코 세계유산으로 지정된 구시가를 중심으로 한 프라하 역사지구는
중세 이래 각 시기의 다양한 건축물들을 온전히 간직하고 있다.
2 프라하는 프란츠 카프카, 밀란 쿤데라 같은 세계적인
작가들을 낳은 문학의 도시로도 유명하다.

도나우 강이 빈을 촉촉이 적시고 나면 블타바 강(독일 이름으로는 몰다우Moldau 강—옮긴이)이 체코를 통과한 뒤에 유럽을 대표하는 강 중 하나인 엘베 강과 합류한다. 총면적 7만 제곱킬로미터에 불과한 유럽의 중소국 체코의 수도인 프라하는 경제와 문화의 중심지다. 사람들은 체코 민족의 애환과 창조적인 생명력이 이 도시에 농축되어 있다고 이야기한다. 프라하가 도나우 강과 다소 떨어져 블타바 강의 은혜를 입고 있기는 하지만, 역사적으로 볼 때 도나우 강의 구성원으로 볼 수 있다. 그중에서도 가장 밝게 빛나는 보석이다.

역사 기록에 따르면 프라하라는 이름은 독일어로 '문지방práh'이란 뜻인데, 블타바 강이 이곳에서 암초를 지나는 게 마치 문지방을 넘는 것 같다 해서 붙여졌다고 한다. 또 다른 이야기로는 문지방을 만드는 남자를 본 도시의 건설자가 프라하라고 지었다고 한다. 오래된 도시인 프라하 곳곳에는 역사의 흔적이 묻어난다. 철학자 프리드리히 니체는 "한 단어로 음악을 표현하라면 나는 빈을 떠올리고, 한 단어로 신비를 말하라면 프라하밖에는 생각이 나지 않는다"라고 말했다.

서유럽과 동유럽을 잇는 십자로에 위치한 체코는 역사적으로 여러 차례 변란을 겪었다. 하지만 신기하게도 수도 프라하만큼은 줄곧 보호를 받았다. 덕분에 중세 이래 각 시기의 다양한 건축물들이 온전히 보존되어 도시 전체가 마치 유럽의 건축예술 박물관처럼 보인다. 1992년에는 구舊시가를 중심으로 프라하 역사지구가 유네스코 세계유산으로 지정되었다. 프라하에는 국가가 중점적으로 보호하고 있는 역사 유적만 해도 무려 2,000여 곳에 달한다고 한다. 구시가지인 스타레메스토 지역은 거의 모든 거리와 골목에서 중세기의 모습을 잘 간직한 13세기부터의 건축물들을 볼 수 있다. 이외에도 도시 전역에 로마네스크 양식부터 고딕, 르네상스, 바로크, 아르누보 양식까지 다양한 건물과 탑이 즐비해 '백탑百塔의 도시'로 불린다.

빈이 음악의 도시인 것처럼 프라하는 문학의 분위기가 짙은 도시다. 그래서 사람들은 "인류가 처한 상황에 대해 프란츠 카프카는 음울한 이야기를, 밀란 쿤데라는 찬란한 상징을, 바츨라프 하벨은 정치적 실험을 남겼다. 세 사람이 모두 최고의 자리에 올랐으니 프라하를 질투하지 않을 수 없구나"라며 탄식한다.

프 라 하 의 　 자 랑 　 카 를 　 4 세

체코의 정치와 경제, 문화의 중심지인 프라하는 유럽에서 가장 아름다운 도시다. 유럽대륙의 중심에 위치한 보헤미아 평원에 자리 잡고 있으며, 총 7개의 언덕이 있고 블타바 강이 굽이져 흐른다.

　프라하에는 선사시대부터 사람이 살았다. 이 지역에 최초로 정착한 사람들은 켈트계의 보이족으로 알려져 있는데, 서력기원A.D.이 시작될 무렵 게르만계 마르코만니족이 이들을 대신했다. 5~6세기에는 슬라브인이 보헤미아와 슬로바키아 지역으로 이동했다. 623년에는 슬라브인의 연맹체인 사모 왕국이 역사상 첫 번째 슬라브 왕국이 되었다. 830년에는 대*모라비아 왕국이 세워졌고, 10세기 초 왕국이 멸망한 뒤에는 프르셰미슬 가문이 프라하를 중심으로 보헤미아 왕국을 세웠다.

　다른 도시들과 마찬가지로 프라하도 전설을 갖고 있다. 전설에 따르면 프라하를 세운 사람은 리부셰 공주로, 그 이름이 1125년 편년사編年史 작가인 코스마스의 『보헤미아 편년사』에 처음 언급된다. 어느 날 리부셰와 남편 프르셰미슬을 비롯한 각 부족의 족장과 호위병들이 비셰흐라트 언덕에서 아름다운 땅을 내려다보고 있었다. 이때 리부셰가 두 손으로 강기슭 맞은편의 바위산을 가리키며 "나는 큰 도시를 보았노라. 하늘이 어두워지기 전 이 도시는 영예와 경의를 얻을 것이고, 그 찬란함은 세상을 덮어 더욱 드높아지리라! 이곳으로부터 삼십 미터 떨어진 숲의 어느 곳, 블타바 강의 굽이진 곳에 깊은 계곡을 향해 흐르는 강물은 이를 북쪽으로 나누고, 남쪽은 가파른 낭떠러지 〔……〕 숲에서 너희들은 한 사람을 만날 것이다. 그는 문지방práh을 만들고 있으리라. 너희는 그곳에 세운 도시를 프라하라 부르라. 여러 대공과 신하 들은 모두 문지방을 넘을 때처럼 허리를 굽히고 머리를 낮추어 예를 표하리라." 이렇게 금빛 태양을 듬뿍 머금은 도시 프라하가 탄생했다.

프르셰미슬 가문이 강대해지면서 이들은 차츰 주변 보헤미아 부족들이 거주하는 토지를 집어삼키기 시작했고, 프라하의 중요성은 나날이 커져갔다. 12세기 초까지 여러 개의 궁정이 건설되었다. 신성로마 제국 황제 하인리히 4세(1050~1106)는 이탈리아 원정에서 보헤미아의 지원을 받자 브라티슬라프 2세에게 보헤미아 왕위를 하사했다. 하지만 왕위를 세습하지 못하도록 해 보헤미아는 신성로마 제국의 일부로 전락했다. 1156년 신성로마 제국 황제 프

보헤미아　　보헤미아는 수도 프라하를 포함한 체코 중서부 지역의 광활한 땅을 일컫는데, 동부의 모라비아 지역과 함께 오늘날의 체코 영토를 구성한다. 체코어에서 보헤미아인은 흔히 체코인과 동의어로 간주되는데, 사실상 보헤미아가 바로 체코 민족문화의 핵심으로 특히 19세기와 20세기에 두드러지게 나타났다. 5세기에 동쪽에서 건너온 슬라브인들이 보헤미아 왕국을 건설하고 찬란한 문화를 이뤘는데, 백탑의 도시 프라하의 흥성이 바로 이 시기의 번영을 대표한다. 1918년 슬로바키아와 연방을 이룰 때까지 체코의 역사는 보헤미아 역사와 거의 다름없다.

1
2

1 카를 4세는 프라하를 신성로마 제국의 수도라는 지위에 걸맞은
국제적인 도시로 만들기 위해 수많은 아름다운 건축물들을 지었다.

2 오랜 풍파를 이겨낸 프라하는 옛 모습을 그대로 간직해
오늘날 유럽 최대의 관광도시로 명성을 얻고 있다.

111

리드리히 1세는 다시 보헤미아 왕의 세습을 허락했다. 13세기에 이르자 보헤미아는 신성로마 제국의 주요 구성원이자 일곱 선제후 가운데 하나가 되었다. 1306년 신성로마 제국 룩셈부르크가의 하인리히 7세(하인리히 폰 룩셈부르크)의 아들인 요한(얀 폰 룩셈부르크)이 보헤미아의 왕위 계승자인 엘리슈카를 아내로 맞아 보헤미아의 왕이 되었다. 이후 룩셈부르크 가문은 프르셰미슬 가문을 대신해 보헤미아를 다스렸다. 1346년 카를 4세(체코 이름은 카렐 4세 —옮긴이)가 보헤미아의 왕으로 즉위했고, 1355년에는 신성로마 제국 황제 카를 4세가 되었다. 그는 프라하를 제국의 통치 중심지로 삼았고 프라하의 첫 번째 전성기를 열었다.

카를 4세는 룩셈부르크 가문 출신으로 아버지 요한이 결혼을 통해 보헤미아 왕위를 계승한 뒤부터 독일에서 가장 강대한 제후가 되었고 나아가 신성로마 제국 황제의 유력한 경쟁자가 되었다. 역사 기록에 따르면 카를 4세는 보통 키에 새우등을 한 평범한 외모를 지닌 인물이었다. 옷차림은 소박했고, 성격은 겸허하고 온화했다. 어려서부터 키케로와 단테의 작품을 즐겨 읽었고 아우구스티누스의 작품을 번역하기도 했다. 당시 유럽에서 가장 이름이 높았던 학자형 통치자였던 카를 4세는 지식인들과의 교류를 즐겼고, 이탈리아의 법학자 바르톨로 다사소페라토 등을 경제적으로 지원했다. 이러한 행동은 전쟁을 일삼던 중세 군주들 가운데서 돋보인다.

열일곱 살에 보헤미아 군대의 총사령관에 임명된 카를 4세는 전쟁에 네 차례 참여하면서 여러 나라를 순행했다. 1341년에 아버지가 실명하자 아버지의 공동 통치자가 되었고, 1346년에 정식으로 왕위를 계승했다. 카를 4세는 전쟁을 주로 하던 다른 독일 군주들과 달리 영지나 관직 매입, 혼인, 조약 체결 등의 방법으로 자신의 목적을 달성했다. 1354년에 북이탈리아 왕국 간에

알력 다툼이 일어나자, 강력한 통치자의 모습을 보여줄 절호의 기회라 생각한 카를 4세는 대군을 이끌고 북이탈리아로 향했다. 이듬해 그는 밀라노에서 롬바르디아의 철왕관을 받아 썼고, 로마에서 정식으로 대관식을 거행했다. 같은 해 11월, 제국헌법 제정을 위해 뉘른베르크에서 제후들과 수많은 법학 전문가들이 참여한 성대한 제국의회를 열었다. 당시 두 가지 문제가 논쟁의 중심으로 떠올랐는데, 첫째는 황제 선거에 교황의 개입을 허용할지 여부를 결정하는 것이었고, 둘째는 각 제후가 자신의 영지 내에서 도시와 민중에 대해 어디까지 권한을 가질 수 있는지를 둘러싼 문제였다.

1356년에 카를 4세는 메츠에서 또다시 제국의회를 열어 이후 막대한 영향을 끼친 '금인칙서Goldene Bulle'를 선포했다. 이 법령에 따르면 황제는 선제후 7명의 선거를 통해 선출되고, 황위가 비어 있을 때에는 작센공과 라인 궁중백宮中伯(또는 팔츠백)이 섭정한다. 각 선제후는 자신의 영지 내에서 관세 징수와 화폐 주조권, 광산 채굴권, 소금 판매권 등을 가지며, 봉토封土 보유자끼리 동맹해 봉주封主에 반대한다든가 도시끼리 결맹해 제후에 반대하는 등의 행위는 금지되고, 선제후에 대한 공격은 대역죄로 규정되었다. 이는 실질적으로 느슨한 국가연합체의 틀 안에서 선제후가 자신의 영지 내에서 전제군주로서의 권력을 갖도록 한 것이다. 이 밖에 황제 선거 때 교황과 교황청의 역할 문제를 회피함으로써 실질적으로 교황의 권력을 박탈했다.

이후 수백 년간의 유럽 역사를 살펴보면 대제후가 독일의 정치 실체로 자리 잡는 데 카를 4세의 금인칙서가 커다란 역할을 했음을 알 수 있다. 이 국면은 1806년 신성로마 제국이 해체되기 전까지 기본적으로 변하지 않았다.

하지만 보헤미아 왕으로서 카를 4세가 후세에 이름을 떨친 수 있었던 건 무엇보다도 프라하 때문이다. 프라하에 남다른 애정을 갖고 있던 카를 4세는 어려서부터 프라하를 제국의 수도라는 지위에 걸맞은 국제적인 도시로 건설하려는 꿈을 갖고 있었고, 훗날 여러 나라를 돌아다닌 경험이 이러한 생각을 더욱 굳건하게 해주었다. 1333년에 카를 4세는 수년간의 프랑스 궁전생활을 끝내고 고향으로 돌아왔다. 하지만 프라하는 산더미 같은 채무와 전쟁이 가져온 공허함에 허덕이고 있었고 대공 관저는 궁전의 모습을 잃은 지 오래였다. 카를 4세는 루브르 궁전의 화려함과 안락함을 경험한 터라 더더욱 프라하의 한산함을 견딜 수가 없었다. 게다가 그는 머지않아 발루아 왕가 출신의 프랑스 공주를 아내로 맞이할 예정이었다. 카를 4세는 자서전에 이 일을 기록했다. "우리가 얻은 왕국은 이토록 황량했다. 왕토와 함께 저당 잡히지 않은 빈 성을 찾을 수 없었기 때문에 시민들의 집에서 살지 않는 이상 몸을 둘 곳이 없었다. 모든 사람들이 프라하를 떠났고 도시는 파괴되었다. 우리는 이곳에 크고 아름다운 궁전을 재건하라고 명령했다."

훌륭한 교육을 받고 목표가 뚜렷했던 카를 4세는 비록 나이는 어렸으나 보헤미아를 번성한 국가로, 프라하를 아름다운 도시로 만들려는 확고한 생각을 갖고 있었다. 그는 직접 도시 계획에 참여해 탑과 성벽을 건설하고, 프라하 부근에 카를슈테인 성을 짓기로 결정했다. 이를 위해 아라스에서 경험이 풍부한 프랑스인 건축가 마티아스를 초청해 새로운 왕궁의 안뜰과 아케이드, 왕 침실의 벽면을 설계하도록 했다. 이 밖에 카를 4세는 성 안에 있던 로마네스크 양식의 성당을 헐고 그 자리에 성 비투스 대성당의 초석을 놓았고, 왕궁 예배당도 고딕식 건물로 새로 짓도록 했다. 또 프라하 여러 성루의 지붕을 새로 한 뒤에 황금색을 칠해, 맑은 날이면 멀리서도 찬란히 빛나는 탑 꼭대기를 볼 수 있도록 했다. 이처럼 카를 4세는 유럽의 여러 왕실과 귀족들에게 보헤미아 왕가의 부와 화려함을 알리고 싶어 했다. '황금 도시'라는 별명이 바로 여기서 생겨났다.

문화와 예술을 사랑했던 카를 4세는 중유럽 최초의 대학인 프라하대학교를 세우고 거금을 들여 유명 학자들을 초청했다. 카를 4세가 서거할 무렵에 프라하대학교는 11만 명의 학생을 거느렸다. 또한 스승인 교황 클레멘스 6세를 통해 프라하를 대주교구로 승격시켰고, 보헤미아가 교회 자치권을 획득하도록 했다. 이리하여 카를 4세는 역사상 가장 위대한 체코인으로 칭송받게 되었다.

프 라 하 의   상 징   카 를   다 리

굽이굽이 흐르는 프라하의 블타바 강 위에는 중세에 지어진 돌다리들이 여전히 남아 있다. 그중 가장 유명한 돌다리가 바로 카를 다리다. 이 다리는 1357년, 바로 보헤미아의 황금시대에 지어졌다. 보헤미아 왕인 카를 4세가 신성로마 제국의 황제도 겸하고 있었기에 프라하는 제국의 수도가 되었다. 카를 4세는 교통 불편을 해소하기 위해 블타바 강에 다리를 건설해 프라하를 상징하는 건축물로 만들려 했다. 일찍이 1170년에 프라하 사람들은 로마네스크 양식의 유디트 다리를 세웠으나, 1342년에 불행히도 홍수에 파괴되었다. 카를 4세는 유디트 다리가 있던 자리에 홍수를 거뜬히 견뎌낼 수 있을 만큼 견고한 다리를 새로 만들겠다고 맹세했다.

1357년 9월 7일 3시 31분에 다리 건설을 위한 첫 삽을 떴다. 당시 왕실 점성가가 카를 4세에게 이 시각에 공사를 시작해야만 다리의 견고함과 영원함을 보장할 수 있다고 했기 때문이다. 하지만 안타깝게도 다리는 위대한 사업을 시작한 카를 4세가 세상을 떠난 뒤인 15세기 초에야 겨우 완공되었다. 재미있는 사실은 이처럼 시대에 획을 그은 건축물이 수백 년 동안 정식 이름 없이 그냥 두루뭉술하게 '돌다리' 또는 '프라하 다리'로 불렸다는 것이다. 1870년에 이르러서야 사람들은 '카를 다리'라는 이름을 붙였다.

길이 516미터, 너비 10미터, 총 16개의 아치를 가진 카를 다리는 보헤미아의 사암석을 쌓아 만들어졌다. 카를 다리는 준공 이후 1841년까지 프라하의 유일한 다리였기 때문에 왕공과 대신들이 거주하던 강 서쪽의 말라스트라나(소지구)와 시민들이 생활하던 강 동쪽의 스타레메스토를 서로 이어준 것은 물론이거니와 프라하가 유럽대륙의 허브로 자리매김하는 데도 중요한 역할을 했다. 카를 다리를 설계한 독일의 건축가 페터 파를러는 중세 프라하의 여러 웅장한 건축물도 만들었다. 기록에 따르면 건설 당시 다리를 더욱 견고하게 만들기 위해 석회에 계란 노른자, 우유, 심지어 와인까지 첨가했다고 한다. 스타레메스토 다리 어귀의 탑에는 "조심, 또 조심하라. 누구든 다리에 좋지 않은 일을 하면 천벌을 받게 될 것이니"라는 글이 새겨져 있다.

카를 다리 교각 양측의 난간 위에는 총 30개의 여러 모습을 한 인물 조각상들이 있다. 조각상 받침만 해도 3미터에 달하는데, 조각된 인물들 대부분이 체코의 가톨릭 성인들이다. 조각상은 다리를 건설할 때부터 만든 것이 아니라, 여러 조각가들이 18세기 초에 점차 덧붙인 것으로 각기 다른 해에 완성되었다. 그중 가장 유명한 조각상이 다리 중간 북쪽에 있는 성 요한 네포무크 청동상이다.

역사 기록에 따르면 성 요한 네포무크 대주교는 14세기 말 보헤미아에 만연했던 교회와 국가의 치열한 갈등 과정에서 바츨라프 4세에게 살해되어 시체가 카를 다리에서 강으로 던져졌다. 다른 이야기에 따르면 왕후가 다른 사람과 사통私通했다고 의심하던 바츨라프 4세가 왕후의 고해성사 내용을 말하

1
2

1 아름답고 견고한 카를 다리는 지어진 지 600년이 훨씬 지난 오늘날에도
프라하 시민들의 사랑을 듬뿍 받고 있다.
2 카를 다리 위의 조각상은 대부분 체코의 가톨릭 성인들로,
각각의 조각상들은 자신만의 이야기를 간직하고 있다.

라고 했으나 이를 거부하자 크게 노해 그를 강으로 던졌다고 한다.

카를 다리의 명성은 매우 높지만 운명은 그리 평탄하지 못해 많은 재난을 겪었다. 카를 다리가 준공된 지 얼마 되지 않은 1432년에 홍수로 기둥 세 개가 파괴되었다. 1621년에는 보헤미아가 백산 전투(또는 빌라 호라 전투라고 부른다. 30년전쟁의 초기 전투 중 하나로, 이 전투의 결과로 30년전쟁에서 보헤미아의 시대는 끝이 났다—옮긴이)에서 패배하자 합스부르크 왕가는 주동자 27명을 처형한 뒤 그들의 머리를 카를 다리 어귀의 교탑에 걸어 반항하는 보헤미아인들에게 경고했다. 30년전쟁이 막바지로 치닫던 1648년에 스웨덴 군대가 블타바 강 동쪽의 스타레메스토를 점령했고, 이후 신성로마 제국의 군대와 카를 다리 위에서 격전을 벌여 다리탑을 심각하게 훼손시켰다. 200년 뒤에는 유럽 전체를 뒤흔든 1848년 혁명의 와중에서 다리의 조각상 몇 개가 파괴되었다. 하지만 다행히 카를 다리를 건설한 사람들의 기도와 경고를 증명하듯 끊임없이 복원되어 오늘에 이르렀다.

종 교 개 혁 의   소 용 돌 이

카를 4세가 프라하에 가져온 영광은 생각보다 오래가지 못했다. 황제가 서거한 뒤에 보헤미아는 또다시 이민족의 손아귀에 떨어졌다. 보헤미아는 천혜의 지리적 조건에 힘입어 독립국가로서의 출발은 늦었지만 눈부신 경제 발전을 이룩했다. 12세기에 수공업 도시와 상업 도시가 등장하면서 프라하는 보헤미아의 경제 중심지로 더욱 발전했다. 이때 대외 무역도 발전하기 시작해 말, 소, 피혁, 식량, 은 등을 도나우 강 상류와 헝가리, 베네치아 등지로 수출했다. 이러한 경제 발전을 기반으로 13세기에 보헤미아는 신성로마 제국의 일곱 선제후 중 하나가 되었다.

　그러나 보헤미아의 풍부한 영토와 지하자원은 독일 봉건주의의 탐욕스러운 눈길과 야심을 피할 수 없었다. 12세기부터 13세기까지 독일인들이 대규모로 보헤미아로 이주해왔다. 먼저 이주한 사람은 수도자와 교사 들로 이들은 보헤미아의 주교와 수도원 원장이 됐다. 그 뒤를 이어 수공업자와 상인들이 몰려와 금세 보헤미아 전체의 3분의 1에 달하는 토지와 광산을 점유했다. 독일인들은 보헤미아에서도 자국의 법률 아래 있었기 때문에 경제적·정치적으로 특수집단을 형성했고, 나아가 도시를 장악하고 대량의 지세地稅와 십일조를 거두었다. 결과적으로 보헤미아의 자본이 대규모로 독일인의 주머니로 들어갔다. 이에 반해 보헤미아인들은 민족과 계급이라는 이중의 억압을 받으며 자신들의 땅에서 마치 망명자처럼 지내야 했다. 억압을 견디다 못한 보헤미아인들은 결국 하나둘씩 일어나기 시작했다. 당시 보헤미아에서는 막중한 십일조를 징수하는 교회가 최대 봉건영주이자 착취자였다. 교황 역시 체코를 교황청의 주요 수입원으로 간주했다. 더구나 교회의 상부는 대부분 독일인이 차지하고 있었다. 이에 사람들의 증오는 가장 먼저 교회로 향해, 14세기 후반부터 보헤미아인들 사이에서 대규모 반反교회 투쟁이 일어났다. 이때 보헤미아의 성직자들로 구성된 혁신파가 등장해 체코어로 교회의 죄악을 폭로했다. 15세기 초에 이르면서 운동의 규모는 더욱 커졌다. 이 운동을 이끈 인물이 체코의 위대한 애국자이자 신학자인 프라하대학교 교수 겸 베들레헴 성당의 설교사인 얀 후스다.

후스는 보헤미아 남부 후시네츠 마을의 가난한 가정에서 태어났다. 프라하대학교를 졸업한 뒤 1396년에 석사학위를 받았고 1398년부터 프라하대학교에서 강의를 했다. 당시 석사학위 소지자는 봉급을 받지 못했기 때문에 후스는 신학원에 들어갔고 1402년에 프라하에 있는 비교적 큰 교회인 베들레헴 성당의 설교사로 임명되었다. 같은 해 프라하대학교의 학장이 되었고, 1403년에는 왕후 소피아의 고해신부가 되었다. 체코 본토에서 성장한 성직자 후스는 조국과 국민들을 뜨겁게 사랑했다. 당시 교회와 대학의 강단에서 정식으로 강연을 할 때는 반드시 독일어를 사용해야 했지만, 그는 항상 체코어로 강의했다. 조국에서 가톨릭교회의 부패를 목격한 후스는 개혁을 결심했다. 영국의 종교개혁가 존 위클리프의 영향을 받은 후스는 가톨릭교회가 보헤미아에서 얻은 재산을 국유화해야 한다고 주장했고, 나아가 교회의 토지 점유는 모든 죄악의 근원이므로 교회가 소유한 토지를 몰수하는 것만이 종교계의 우매와 탐욕을 제거하고 진정한 기독교로 돌아가는 길이라 생각했다. 아울러 교황의 최고 권위를 부인하고 교황의 면죄부 판매를 비난했고, 교회는 반드시 세속 정권에 복종해야 한다고 주장했다. 또한 특권에 반대해 일반 신자들도 성배를 사용해 성찬을 받을 수 있어야 한다고 주장했다(당시 성직자들은 성찬식 때 성배를 사용할 수 있었지만, 일반 신자들은 그리스도의 몸을 상징하는 빵만 받아갔다).

후스는 신랄하게 독일의 성직자와 교황의 죄악을 폭로했다. 그는 열심히 일하는 대중이야말로 가장 존경받아야 하며, 포동포동 살이 찐 독일 주교들은 한 푼의 가치도 없다고 말했다. "하느님의 눈에는 도덕심이 있는 가난한 농민이나 일자무식한 농촌 아낙네가 부유하고 파렴치한 주교보다 훨씬 가치 있다." 그는 또 "우리가 피땀 흘려 일군 성과는 모두 독일 성직자들이 가져간다. 보라, 파렴치한 성직자와 신부 들은 가난한 노파의 마지막 동전까지 남김 없이 빼앗아간다. 우리의 헌금은 참회가 아니라 미사에, 교회가 아니라 성자聖者들의 유물에, 기도가 아니라 장례에 사용되어 결국 모두 교회의 커다란 돈주머니로 들어간다. 성직자와 신부 들이 강도보다 더 교활하고 흉악하지 않은가?"라고 말했다. 그리고 "개가 집으로 들어가는 것은 뼈다귀를 훔쳐 먹기 위해서다. 우리가 뼈다귀를 가져가면 개는 가버린다"라고 주장했다.

후스의 개혁사상은 보헤미아 국민들의 열렬한 환영을 받았다. 보헤미아 왕 바츨라프 4세도 후스파의 활동을 이용해 보헤미아인들의 애국심을 끌어올리려는 의도에서 줄곧 지원을 아끼지 않았다. 1409년에 바츨라프 4세는 법령을 선포해 프라하대학교에서 외국인들이 가졌던 특권을 취소하고, 대학 회의와 기타 기구에서 보헤미아인들이 3석을, 독일인 교사는 1석만을 차지하도록 했다. 큰 타격을 받은 독일인들이 프라하를 떠나자 프라하대학교의 관리권이 보헤미아인들의 수중에 돌아왔고, 후스는 총장직을 맡았다. 프라하대학교의 분열은 교황과 신성로마 제국 황제를 깜짝 놀라게 만들었다. 1410년 교황 알렉산데르 5세의 지시로 프라하 대주교 즈비네크는 프라하 광장에서 위클리프의 저작들을 불태우고 후스의 교적을 박탈했다. 그러나 후스는 예상을 깨고 체코 민족의 영웅이 되었다.

1411년 교황 요한 23세는 정적政敵이었던 나폴리 왕 라디슬라우스와 전쟁을 일으켰다. 이듬해 교황은 보헤미아로 사람을 보내 면죄부를 판매하고, 십자군에 참여하는 자는 모두 공짜로 면죄부를 받을 수 있다고 공언했다. 하지만 후스는 교황에게는 무력을 동원할 권리가 없으며 더욱이 돈으로 속죄를 대신할 수는 없다고 주장했다. 사람의 구제는 신이 결정하는 것이기 때문에 면죄부는 아무런 도움이 되지 못한다는 것이다.

후스의 지도 아래 프라하 시민들은 면죄부 판매 반대 시위를 벌였다. 여기에는 프라하대학교의 진보적인 교사와 학생 들도 참여했는데, 대학생 두 명이 분장을 하고 교황을 파렴치한 매춘부로 묘사한 공연을 펼치기도 했다. 이 소식을 듣고 크게 분노한 교황 요한 23세는 후스를 파문했고, 후스는 공개적으로 교황을 반역자, 악마라 비난하고 교회와 철저히 갈라섰다. 면죄부 판매 수익금을 나누어 받고 있던 바츨라프 4세는 후스의 프라하대학교 총장직을 박탈했다. 그러자 후스는 아예 농촌으로 내려가 민중에게 익숙한 언어로 끊

1 얀 후스는 종교개혁뿐만 아니라 체코 민족운동의 지도자로서 커다란 활약을 했다.

2 신성로마 제국의 황제 지기스문트는 후스의 신변 안전을 보장했지만,
자신이 한 약속을 지키지 않았다.

3 콘스탄츠 공의회는 후스를 이단으로 규정하고 화형에 처했다.
공의회의 이 결정은 프라하 시민들의 분노를 일으켜 대규모 민중 봉기의 도화선이 되었다.

임없이 교회를 비판하고 농노제를 힐난하는 설교를 했다. 또 농촌에 머물던 2년 동안 체코어로 『성경』을 번역하고, 『교회론』을 완성했다. 농민들의 눈에는 후스야말로 진정으로 자신들의 구원을 위해 투쟁하는 성자였다.

교회는 후스에 대한 박해를 멈추지 않았다. 1414년에 교황은 후스에게 독일에서 열리는 콘스탄츠 공의회에 참석하라고 명령했다. 교황과 독일 주교들이 함정을 파놓은 게 분명했기 때문에 많은 친구들이 공의회 참석을 한사코 만류했으나, 후스는 적 앞에 약한 모습을 보여서는 안 된다고 생각했다. 게다가 회의장이야말로 자신의 의견을 주장할 최적의 장소가 아니란 말인가! 그는 단호하게 말했다. "아니, 난 반드시 가야겠어. 꼭 그곳에서 진리의 위대함을 증명하겠어!" 신성로마 제국 황제 지기스문트는 후스의 신변 안전을 보장했고 안전통행권까지 발급해주었다. 1414년 11월 3일, 후스는 현지 민중의 환호를 받으며 콘스탄츠에 입성했다. 그러나 공의회는 발언 기회를 주기는커녕 즉시 그를 체포해서 감옥에 가뒀다. 후스는 법정에서 자신의 주장을 끝까지 견지하며 교회가 뒤집어씌운 여러 가지 죄명들에 일일이 반박했지만 전혀 받아들여지지 않았다. 1415년 7월 6일, 법정은 후스가 이단자임을 선언하고 화형에 처하기로 결정했다. 화형 전 후스는 마지막 연설을 통해 자신이 무죄임을 거듭 주장했다. 도둑이 제 발 저린 것일까, 교회는 흔적을 없애기 위해 후스의 유골을 라인 강에 던져버렸다.

프라하에서 시작된 민중 봉기

자신들의 영웅이자 성인인 후스가 화형대에서 희생되었다는 소식을 들은 프라하 민중, 나아가 보헤미아 국민들은 모두 분노했다. 후스가 죽은 뒤에 보헤미아인들은 여러 차례 프라하에서 집회를 열어 교황의 결정과 지기스문트 황제의 배신에 항의했고, 심지어 보헤미아 귀족회의도 콘스탄츠 공의회에 항의했다. 사람들은 자발적으로 반교회 투쟁을 일으켜, 십일조 납부를 거부하고 독일의 성직자들을 내쫓았다.

1417년 교황 마르티누스 5세는 보헤미아의 이단자들을 진압하기 위한 콘스탄츠 공의회의 결의를 비준하고 십자군을 모아 후스파를 토벌하자고 호소했다. 압력을 받은 보헤미아 왕도 후스운동을 가혹하게 탄압했다. 1419년에 성체와 성혈을 함께 모시는 양형영성체주의 금지령이 내려졌고, 후스파 성직자들이 해직되었다. 또 의회에서 후스파 의원들을 쫓아내고 의석을 반후스파 극단주의자들로 채웠다. 같은 해 7월, 후스파는 감옥에 갇힌 사람들의 석방을 요구했지만 거절당했다. 분노한 민중은 의회로 몰려가 가장 증오하던 의원들을 광장으로 끌고 와 화형시켰다. 대규모 민중 봉기의 칼끝이 독일인들이 장악한 교회로 향하면서 점차 민족 해방 쟁취와 외세의 억압에 반대하는 성격을 띠었다. 가톨릭교회와 독일 군대가 체코의 민중 봉기를 진압하기 위해 소집되면서 유럽 역사상 가장 유명한 후스전쟁(1419~1434)이 시작되었다.

후스의 사상에 대한 이해 차이 때문에 보헤미아 민중의 봉기는 두 파로 나뉘어서 발생했다. 그중 프라하 남쪽의 타보르를 중심으로 형성된 타보르파는 급진적인 후스파로, 대부분 하층노동자들이었다. 이들이 후스전쟁의 주력을 형성했다. 하지만 타보르파는 명확하게 통일된 원칙을 갖고 있지 않다는 한계가 있었다. 그저 불합리한 모든 것에 반대해서 계급제도와 국왕제도, 막중한 봉건의무 폐지를 주장하고, 나아가 토지를 몰수해 농민들에게 나누어주고 공화국을 건설하자고 요구했다. 타보르파의 주요 지도자로는 바클라프 코란다가 있다.

성배파는 프라하를 중심으로 형성된 온건파로, 구성원 대다수가 중산계급과 중소 귀족 출신이었다. 이들은 얀 젤리브스키의 지도 아래 1419년 7월 30일, 프라하에서 봉기를 일으켜 도시의 관리권을 얻었다. 1420년에는 구체적인 관리원칙을 바탕으로 프라하 4개 조항의 초안을 작성했는데, 여기서 교회 재산 몰수와 종교 독립, 외국인이 보헤미아의 관리가 되지 못하도록 할 것 등을 주장했다. 특히 종교문제에서 모든 사람이 성배로 성찬을 행할 수 있도록 요구해서 이들을 성배파 또는 양형영성체파라 부른다. 이 밖에도 어떤 언어로든 선교를 할 수 있는 선교의 자유와 성직자들의 재산 소유 금지, 성직자들의 범죄도 평신도들과 동등하게 처리할 것 등을 요구했다.

바츨라프 4세가 사망하고 독일 황제 지기스문트가 자연스레 보헤미아 왕을 겸하자, 보헤미아 민중은 더욱 격렬하게 저항했다. 지기스문트 황제가 바로 후스에게 안전통행권을 발급해주었다가 화형을 수수방관한 인물이기 때문이다. 지기스문트는 1420년 4월부터 1431년 8월까지 총 5차례에 걸쳐 십자군을 조직해 보헤미아 민중의 봉기를 진압하려 했다. 타보르파와 성배파는 뛰어난 지휘관 얀 지슈카의 지휘하에 단결해서 용맹하게 항전했는데, 타보르 봉기군이 주요 저항세력이었다.

몰락한 기사 집안에서 태어난 지슈카는 어린 시절 한쪽 눈을 잃었지만, 군대에 복무한 적이 있어 풍부한 실전 경험을 갖고 있었다. 후스전쟁이 발발하자 봉기군에 가담했고, 곧 봉기군의 지도자가 되었다. 지슈카는 농업용 마차를 '수레진Wagenburg'이라 불린 전술에 이용했다. 이는 쇠사슬로 연결한 농업용 마차를 보병들이 밖에서 둘러싸 상대방 기병의 공격을 방어하고, 안에 숨어 있던 보병들이 틈을 통해 갈고랑이로 적을 말에서 끌어내리는 전술이

1 오늘날 얀 후스는 체코 민족운동의 지도자로서
프라하 시민들의 커다란 존경을 받고 있다.
2 후스의 화형 소식에 분노한 프라하 민중은 얀 지슈카의 지도하에 봉기를 일으켰다.
대규모로 진행된 민중 봉기는 당시 보헤미아에 세력을 떨치고 있던 독일에
심각한 타격을 입혔고, 보헤미아가 신성로마 제국에서 벗어나
독립적인 지위를 갖는 계기가 되었다.

다. 수레진 전술은 전투 중에 큰 역할을 했고, 여러 차례 적의 공격을 물리쳤다. 적들은 덜거덩거리는 마차 소리와 타보르 전사들의 군가만 들어도 지레 겁을 집어먹고 도망갔다. 1421년 7월, 지슈카는 전투 중 맞은 화살에 중상을 입어 다른 한쪽 눈마저 시력을 잃었다. 지슈카는 양쪽 눈의 시력을 모두 잃었지만 1424년 10월 11일 병으로 세상을 떠날 때까지 전투를 지휘했다. 그가 죽은 뒤 봉기군은 프로코프 홀리의 지휘 아래 전투를 계속했다.

첫 승리를 거둔 봉기군은 계속 반격해서 독일 국경 안까지 들어왔다. 그러나 승리의 기쁨도 잠시, 봉기군 내부에서 분열이 일어났다. 독일 귀족이 보헤미아에서 누리던 지위를 대신해서 일부 도시의 관리권을 획득한 성배파는 봉기군이 더 이상 세력을 확장하지 않기를 바랐고, 전쟁을 얼른 끝내고 싶어 했다. 1433년 바젤 공의회는 평신도도 성배로 성찬을 행할 수 있으며, 성배파가 이미 획득한 재산을 반환할 필요가 없다고 승인했다. 이를 골자로 독일의 봉건영주와 프라하에서 협정을 체결한 성배파는 독일과 결탁해서 타보르파를 진압하기 시작했다.

1434년 5월 30일, 타보르파와 성배파 사이에 격전이 일어났다. 이때 타보르파 가운데 성배파에 매수된 사람들이 전투 중에 갑자기 투항하면서 타보르파는 대패하고 만다. 이 전투에서 프로코프가 죽었고, 1만여 명의 타보르파 포로가 살해되었다. 그 가족들도 전쟁이 끝난 뒤에 처형당했다. 하지만 남은 타보르파는 1452년까지 전쟁을 계속했다. 비록 후스전쟁의 결말이 이상적이지는 못하지만, 이 전쟁이 역사에 미친 영향은 매우 크다.

후스의 개혁사상으로 시작된 보헤미아 민중 봉기는 영국과 프랑스 등에서 발생한 농민 봉기보다 훨씬 대규모로 진행되었다. 이는 당시 보헤미아에서 세력을 떨치던 독일에 심각한 타격을 입혔고, 보헤미아가 신성로마 제국에서 벗어나 독립적인 지위를 갖는 데 큰 힘이 되었다. 후스의 사상은 보헤미아의 인근 국가를 비롯한 유럽 전체로 퍼져나가 15, 16세기에 여러 국가에서 반봉건 투쟁을 고조시키고 종교개혁을 촉진했다. 16세기 독일에서 일어난 종교개혁과 농민전쟁, 스위스·프랑스·영국 등에서 일어난 종교개혁은 모두 후스전쟁의 영향을 받았다.

```
프 라 하 의
대 변 인
카 프 카
```

프 라 하 에   얽 매 인   삶

빈이 음악의 향기로 가득한 도시라면, 프라하는 문학의 향기로 가득한 도시
다. 빈이 모차르트, 하이든, 베토벤, 슈트라우스 가족 같은 위대한 음악가들
을 낳은 것처럼, 프라하는 프란츠 카프카, 밀란 쿤데라, 야로슬라프 하셰크
같은 위대한 작가들을 배출했다. 문학의 향기로 가득한 이 도시에 대해 이야
기하려면 가장 먼저 카프카를 언급해야 한다. 세계 어디에도 카프카처럼 평
생토록 자신이 태어난 도시의 영향을 받은 작가는 없기 때문이다. 카프카는
일생 동안 프라하를 떠나본 적이 없다고 말해도 과언이 아닐 만큼 프라하에
서 태어나고 공부하고 성장하고 일하고 글을 썼다.

  카프카는 1883년 7월 3일 프라하의 한 유대인 가정에서 장남으로 태어났
는데, 그에게는 세 명의 여동생과 두 명의 요절한 남동생이 있었다. 카프카
가 태어나기 1년 전, 아버지 헤르만 카프카는 프라하 유대인 지역 남쪽에서

그다지 멀지 않은 거리에 상점을 열었다. 이곳은 유럽에서 가장 오래된 유대인 지역으로, 당시 많은 프라하의 유대인들이 모두 스타레메스토의 이 작은 지역에서 생활했다. 그래서 이곳의 환경은 그다지 좋지 못했는데 경제적 여건이 조금이라도 나아지면 모두들 떠나는 상황이었다.

장남으로 태어난 카프카는 어려서부터 자연스레 아버지의 영향을 받았다. 아버지 헤르만은 성격이 거칠고 독선적인데다 거의 모든 시간을 사업에 할애했기 때문에 카프카는 어릴 때부터 평범한 부자간의 정을 나눌 수 없었다. 어머니는 따뜻한 성품을 지녔지만 남편에게 의존적이었고 성격이 유약했다. 유년 시절의 카프카는 곁에 믿고 따를 만한 성인 남성 대신 끊임없이 바뀌는 여성 하인들의 보살핌 속에서 자라났다. 카프카가 일생 동안 대부분의 시간을 늘 부모와 함께 살았다는 사실은 매우 중요하다. 이러한 환경은 그의 성장에 커다란 영향을 미쳤다.

카프카 일가는 스타레메스토 내에서 이리저리 이사를 다녔고, 덕분에 카프카는 프라하의 풀 한 포기, 나무 한 그루까지도 모두 익숙해졌다. 의류 사업을 하고 있던 아버지 헤르만은 사업을 위한 고려였는지는 알 수 없으나 점점 도심 쪽으로 이사를 가면서도 어쨌든 스타레메스토를 거의 떠나지 않았다. 1896년에 가족은 다시 스타레메스토의 첼레트나 거리 3번지로 돌아왔고

야로슬라프 하셰크(1883~1923)　　체코의 소설가로 '체코 수필의 아버지'로 불린다. 프라하의 가난한 교사의 아들로 태어나 일찍부터 무정부주의운동과 데카당 문학단체에 참여했다. 제1차 세계대전 때 군대에 소집되자 일부러 포로가 되어 러시아의 체코 군단에서 머물렀다. 1917년에 10월혁명이 발발하자 1918년 2월에 붉은 군대에 들어갔고, 곧 볼셰비키에 가담해 공산주의 선전 책자를 썼다. 1920년에 프라하로 돌아왔다. 20세기 초부터 글을 쓰기 시작해 여러 단편과 소품小品을 발표해 오스트리아-헝가리 제국의 통치 아래 놓인 체코 사회의 어두움을 규탄했다. 대표작으로는 정치풍자 소설 『세계대전 중의 용감한 병사 슈베이크의 운』이 있다.

아버지 헤르만은 이 거리에 사업이 꽤 잘되었던 상점을 열었다.

카프카의 히브리어 선생은 카프카가 다음과 같이 말했다고 회상했다. "함께 창가에서 구시가 광장을 내려다보고 있을 때 카프카가 어떤 건물을 가리키며 말했다. '저곳이 제가 다니던 고등학교예요. 건너편 건물은 대학이고 왼쪽으로 조금 더 걸어가면 제 사무실이에요.' 카프카는 손가락으로 몇 개의 작은 원을 그렸다. '제 인생은 이 작은 원 속에 갇혀 있어요.'" 카프카의 친구인 구스타프 야누흐는 "나는 이 도시의 다양한 건물들에 대한 카프카의 폭넓은 지식에 자주 놀랐다. 그는 궁전과 교회뿐 아니라, 구시가에 있던 집들에 대해서도 정통했다. 그러한 집들의 상징물들이 더 이상 입구 위가 아니라 포르쉬치의 시립박물관에 걸려 있었을 때에도 그 집들의 옛 이름을 알고 있었다. 카프카는 옛날 집들의 벽을 보고 도시의 역사를 알아냈다. 그는 나를 직각으로 굽은 골목을 지나 깔때기 모양의 옛 저택의 안뜰로 데리고 갔는데, 카프카는 이 장소를 '빛의 타구唾具'라고 불렀다. 우리는 카를 다리 근처에서 바로크식 현관을 지나 르네상스식의 둥근 아치가 있는 좁고 긴 뜰을 넘어서, 호스 모양의 어두운 터널을 통과해 작은 뜰 안에 있는 아주 작은 여관 음식점으로 갔다"라고 회상했다.

기록에 따르면 카프카는 큰 키와 마른 몸, 크고 밝게 빛나는 눈을 가진 선량하면서도 신비스러운 외모로 사람들에게 깊은 인상을 남겼다고 한다. 카프카는 평생 친구들과 동료들의 깊은 사랑을 받았으나 아버지와는 잘 맞지 않았다.

끊임없이 이사를 다니던 카프카는 1889년부터 1893년까지 4년 동안 프라하 구시가의 독일인 초등학교를 다녔다. 1893년부터 1901년까지는 알트슈테터 슈타츠 김나지움이라는 독일어를 사용하는 고등학교에 다녔다. 이 학

132

교는 수많은 엘리트를 배출한 것으로 유명한 곳이었다. 카프카는 줄곧 성적이 뛰어났지만 학교를 좋아하지는 않았다. 그러나 이곳에서 카프카는 훗날까지 지속적인 영향을 끼친 몇 가지 중대한 변화를 겪었다. 우선 그는 채식주의자가 되기로 결정했다. 카프카는 지나치게 허약하고 민감한 체질을 갖고 태어나, 가끔 친구들과 통나무배나 자전거를 타는 것 말고는 스포츠에 전혀 관심이 없었다. 채식을 선택한 것은 선천적으로 허약했던 몸을 더욱 약하게 만들었다. 이 시기에 카프카의 정치적 열정도 꽃을 피워 적극적인 행동에 이르렀다. 그는 학교의 권위주의적인 제도와 교과 과정에 반감을 품었고, 기성 사회에 대해 적대감을 가졌다. 그리고 무신론자라고 선언하고, 사회주의에도 빠져들어 학생회에서 발기한 정부 반대파와 반ᅑ교회 조직에 가입했다.

카프카는 어린 시절 자주 아버지를 따라 유대교당에 가서 기도를 드렸다. 호기심이 많았던 그는 교당에 들어가면 이것저것 물어보기 바빴지만 독단적인 성격을 가졌던 아버지는 단 한 번도 충분한 답변을 해주지 않았다. 언제나 아들의 질문을 매몰차게 무시해버렸고, 자신의 뜻에 따르라고 강요했다. 카프카가 고등학교를 졸업하자 아버지는 카를대학교(카를로바대학교—옮긴이) 법학과에 진학하라고 명령했다. 1348년에 세워진 카를대학교는 유럽에서 가장 오래된 대학으로 독일계였다. 카프카는 초등학교부터 대학교까지 줄곧 독일어를 사용하는 학교를 다녔기 때문에 독일어로 글을 쓸 수밖에 없었다. 그래서 카프카의 작품은 전문 번역가가 현지 언어로 번역해야만 하는 어려움이 있다.

1901년부터 1906년까지의 카를대학교 재학 시기는 카프카에게 근본적인 변화가 일어난 때였다. 대학생활은 고등학교 때와는 완전히 딴판이었다. 이

1 프란츠 카프카는 프라하가 가장 자랑스러워하는 작가다.
  그의 작품 곳곳에서 프라하의 그림자를 엿볼 수 있다.
2 카프카는 프라하의 유대인 묘지에 묻혔다.
  죽기 전에 카프카는 친구였던 막스 브로트에게 자신의 원고를 모두 없애달라고 부탁했다.
3 프라하를 방문하는 사람들은 카프카를 기념하는 조각상을 도시 여기저기에서 발견할 수 있다.

시절의 카프카는 기분도 괜찮았고 성적에는 큰 신경을 쓰지 않았지만, 사고만큼은 무척이나 활발하고 적극적이어서 예전에는 한 번도 해보지 않은 일들을 하려고 노력했다. 아버지의 명령을 어기지는 못했지만 카프카가 전공인 법학을 위해 들인 시간과 노력은 얼마 되지 않았다. 대학에 입학한 카프카는 처음에는 화학을 공부했지만 2주일 뒤 법학과로 바꿨고, 독일학과 예술사를 들었다.

1906년에 5년간의 학업을 끝낸 카프카는 최저 점수로 법학박사 학위시험을 통과하고 프라하 법정에서 1907년 9월까지 1년간 무료 실습을 했다. 아버지의 강압적인 태도에 반감을 갖기는 했으나 순조롭게 법제사 국가시험도 통과했다. 스물네 살에는 큰아버지의 추천으로 '앗시쿠라치오니 제네랄리'라는 이탈리아계 보험회사에서 10개월 정도 임시직으로 일했고, 이후 '보헤미아 왕국 노동자 상해보험회사'에 들어갔다. 1922년 6월에 결핵으로 그만둘 때까지 카프카는 이곳에서 14년간 근무했다. 이와 동시에 카프카는 문학작품을 쓰기 시작했다.

열아홉 살 때 만난 평생지기 막스 브로트는 카프카의 글쓰기를 격려했다. 카프카는 사교능력이 뛰어나지는 않았지만 대학 시절에는 항상 활발했다. 1학년 때 사귄 몇몇 친구들과 함께 사회 각 계층을 드나들며 여러 부류의 사람들을 만났다. 카프카가 가장 자주 드나들었던 곳은 문학 좌담회와 세미나로 이곳에서 많은 작가와 시인 들과 사귈 수 있었다.

얼마 뒤, 독일인들로 가득한 카페에서 카프카는 글쓰기에 큰 도움을 준 저널리스트 밀레나 예젠스카를 만났다. 그녀는 프라하의 부유한 기독교 집안 출신으로, 아버지가 프라하대학교 의학부 교수였다. 1918년에 열아홉 살이 채 안 되었던 예젠스카는 아버지의 반대에도 불구하고 전혀 흥미를 갖지 못하던 의학 공부를 중단하고 자신보다 열 살 많은 에른스트 폴라크와 결혼했다. 결혼 뒤에 그녀는 경제적인 어려움을 겪었고, 글을 쓰고 번역을 해서 겨우겨우 살림을 꾸려나갔다. 1919년 예젠스카는 카프카에게 편지를 보내 그의 작품 『유형지에서』를 좋아하는데, 자신이 번역을 해도 되는지를 물어보았다. 자신의 일생에 영향을 미친 이 여성을 카프카는 다음과 같이 평가했다. "그녀는 살아 있는 하나의 불꽃이야. 내가 아직 한 번도 본 적이 없는 그런……. 게다가 지극히 사랑스럽고 용감하고 영리할 뿐만 아니라 모든 것을 갖고 있어! 아니, 말하자면 희생을 통해 모든 것을 얻었다고나 할까."

공산당과 밀접한 관계를 맺었던 예젠스카는 문필활동을 통해 당의 이념을 지원했고 많은 정치기사를 발표했다. 나치가 프라하를 점령했을 때는 유대인들을 폴란드로 망명시키는 일에 적극 가담했다가 게슈타포에 체포되어 라벤스브루크 강제수용소에 감금되어 이곳에서 생을 마쳤다.

카프카는 작가로서 상당한 성과를 거두었지만 장사꾼이었던 아버지의 눈에 글을 쓰는 일은 시간 낭비로만 비춰졌다. 아버지의 거대한 그림자에 갇힌 카프카는 매일 밤 창작에 전념하는 동안에만 간신히 복잡한 세계로부터 자신을 격리시킬 수 있었다. 늘 아버지의 권위에 굴복할 수밖에 없었던 그는 글쓰기를 통해 자신의 반항심을 표현했다.

카프카는 일생 동안 예젠스카 말고도 펠리체 바우어, 율리에 보리체크, 도라 디아만트 등의 여성들과 친밀한 관계를 가졌다. 1912년부터 1917년까지 카프카는 바우어와 두 번의 약혼과 파혼을 반복했다. 1919년에는 보리체크와 약혼했다가 아버지의 격렬한 반대에 부딪혀 결국 파혼하고 만다. 1923년 삶의 마지막 몇 개월을 남기고 디아만트를 만난 카프카는 그녀의 아버지에게 편지를 보내 결혼 허락을 받으려 했지만 거절당한다.

1923년에 카프카는 드디어 프라하를 벗어나 베를린에 갔지만 건강이 악화되었다. 1924년 6월 3일, 결핵에 걸린 카프카는 마흔한 살을 일기로 빈 근교의 결핵요양소 킬링에서 사망했다. 6월 11일에 프라하에 있는 유대인 묘지에 묻혔다.

애 증 의   프 라 하

카프카의 창작 기간은 그다지 길지 않았고 더구나 그가 살아 있을 때는 걸맞은 평가를 받지 못했기 때문에 만약 친구들의 도움이 없었다면 많은 작품들이 묻혀버렸을 것이다. 1902년에 카프카는 대학에서 자신과 마찬가지로 법학을 전공하던 브로트를 만났는데 그는 카프카의 작품을 세상에 널리 알리는 데 큰 역할을 했다.

브로트와 카프카는 정부 직원이자 작가라는 두 가지 일을 하고 있다는 공통점을 갖고 있었다. 하지만 둘의 성격은 전혀 달랐다. 브로트가 즉흥적이고 활달한 쪽이었다면, 카프카는 우유부단하면서 내향적이고 회의적인 편이었다. 브로트는 카프카의 성격에서 부족한 점을 메워주고 작품의 출판 교섭을 대신해주는 등 항상 곁에 머물렀다. 둘 사이의 우정과 신뢰는 카프카가 죽는 날까지 계속되었다.

대학을 졸업하고 보험회사에서 일하게 된 카프카는 다시 가족과 함께 니클라스 거리(오늘날의 파르지주스카 거리—옮긴이) 36번지로 이사를 갔다. 이곳에서 머문 7년 동안 카프카는 『판결』과 『변신』을 집필했다. 직장에서 열심히 일하며 성과를 보인 대가로 여러 차례 승진을 하는 등 괜찮은 대우를 받았지만 그는 항상 회사 분위기에 억눌린 느낌을 받았다. 『변신』은 바로 이러한 심정을 진실되게 반영한 작품이다. 퇴근 시간이 되면 카프카는 재빨리 자신의 몸과 정신을 가두는 사무실을 벗어났다. 1912년 9월 22일, 카프카는 여덟 시간을 들여 단숨에 『판결』을 썼다.

당시 프라하에는 유대어를 모국어로 가진 주민의 비율이 10퍼센트에 불과했다. 이처럼 기독교가 주류를 이루는 사회적 환경은 카프카가 느꼈던 억압과 비애를 더욱 두드러지게 만들었다. 카프카가 몸을 두는 곳은 어디든 모두 좁고 어두웠다. 그의 작품 속에는 이러한 슬픔과 고독이 잘 드러난다. 카프카는 결혼으로 자유를 얻어 몸과 마음을 가두는 새장에서 벗어나고 싶어 했다. 1917년부터 1923년까지 카프카는 네 명의 여성을 만났고, 세 번의 약혼과 세 번의 파혼을 거듭했다. 여러 차례 실패를 겪은 뒤인 1922년 말, 카프카는 결국 병으로 자신이 싫어하면서도 열심히 일했던 직장을 그만두었다. 이후 창작에 박차를 가해 절망적인 몸부림 속에서 자신의 유한한 삶을 아낌없이 쏟아부었다. 1923년, 몸져누운 카프카는 히브리어 책을 다시 꺼내 공부를 하면서 팔레스타인을 여행할 계획까지 세웠다. 1924년에는 예전부터 앓고 있던 폐결핵이 악화되어 후두결핵으로 발전했다. 삶의 마지막 석 달 동안 카프카는 고통 속에서도 소설 『여가수 요제피네 혹은 쥐의 일족』을 쓰고, 베를린에서 출판할 『배고픈 예술가』 단편집에 들어갈 이야기 네 편을 검토했다.

아쉽게도 20세기 초의 프라하에는 언어와 민족 갈등으로 인해 매우 뿌리 깊은 문화 소통 장애가 존재했기 때문에 당시 독일어로 작품을 쓰던 작가들은 아웃사이더일 수밖에 없었다. 독일어를 하는 사람들이 매우 적었고 하물며 글을 쓰는 사람은 더더욱 적었기에 소위 프라하의 정규 문화권에 들어갈 수 없었다. 카프카는 체코어를 공부하기는 했지만 한계가 있어 작품을 출판하는 데 많은 어려움을 겪었다. 하지만 그에게는 친구 브로트가 있었다. 브로트는 줄곧 카프카를 위해 독일에서 작품을 출판할 기회를 잡으려는 노력을 아끼지 않았다.

프라하에 대한 카프카의 감정은 매우 복잡했다. 그는 프라하의 아들로서 프라하에서 태어나고 성장하고 일하고 사랑하고 글을 쓰고 죽음을 맞이했다. 하지만 카프카의 눈에 비친 이 도시는 어둡고 지저분하고 억압적인 곳이었다. 주변 환경에 대한 이러한 감정이 카프카가 그려내는 인물들을 변태적이거나 신경질적 또는 불안정한 모습으로, 자신의 존재에 대해 회의와 불확실성을 갖고 외부와 곳곳에서 적대하고 전혀 어울리지 않는 캐릭터로 만들었다. 또한 유대인이라는 가정환경, 난폭한 아버지, 허약한 신체, 민감하고 괴팍한 성격, 무미건조한 직업 모두가 카프카의 작품에 지대한 영향을 미쳤다. 그는 "이 좁은 공간이 내 생활 전체를 한정 짓는다"라고 원망 섞인 이야기를 한 적이 있다. 카프카는 자신의 내면세계를 프라하의 골목으로 보았다. "우리들 마음 한구석에는 아직도 어두운 부분, 비밀에 찬 길, 불결한 정원, 떠들썩한 선술집, 문이 잠긴 여인숙이 살아 있다. 우리는 새로운 시가의 넓은 거리를 걸어가고 있다. 그렇지만 걸음걸이나 눈매에는 안정감이 없다. 우리의 마음속은 아직도 옛날의 빈민굴 뒷골목에 있을 때처럼 떨고 있다. 아직도 위생시설에 관해서는 전혀 아는 것이 없다. 우리의 마음속에 있는 비위생적인 낡은 유대인 거리는 지금 주위에 있는 위생적인 새 거리보다 훨씬 현실적이다."

평론가들은 프라하라는 환상적이고 신비한 도시가 카프카의 작품 그 자체라고 평가한다. 카프카의 친구는 이를 긍정하며 "카프카는 프라하고, 프라하는 카프카다"라고 말했다. 1909년부터 카프카와 알고 지낸 자유주의 사상가도 "밤길에 우연히 카프카를 만난 적이 있다. 그는 깊은 사색에 빠진 채 궁전과 성당, 유대교당 옆을 지나 마치 그림자처럼 프라하의 거리를 떠돌며 길을 잃고 헤매기 쉬운 골목으로 들어갔다"라고 말했다. 카프카 역시 "프라하는 흔들리지 않는다. 모든 내부의 갈등도 프라하에 영향을 줄 수 없다. 이것이 야말로 프라하의 매력이다"라고 말했다.

비록 동시대 사람들은 카프카를 이해하지 못했지만 그가 전 세계적으로 영향을 끼친 작가라는 사실에는 의심의 여지가 없다. 모더니즘의 시조인 카프카는 표현주의의 선구자이기도 하다. 하지만 그의 작품은 주제가 난해하고, 줄거리는 지리멸렬하며, 사고는 연관성이 없으면서 비약이 크고, 언어의 상징성이 강해서 읽고 이해하는 데 많은 어려움이 따른다. 어쩌면 바로 이러한 이유 때문에 카프카는 『변신』을 실패작이라고 말했는지도 모른다. 죽기 전에 그는 친구 브로트에게 자신의 원고를 모두 없애달라고 부탁했다. 하지만 다행히 브로트는 카프카의 유언을 어기고 자신이 갖고 있던 많은 작품들을 출판했다.

1950년에 카프카의 작품 전집이 다시 세상에 선을 보였고 금세 큰 반향을 불러일으켰다. 실존주의의 대가 장 폴 사르트르와 노벨문학상을 받은 알베르 카뮈는 그를 실존주의 문학의 선구자로, 미국의 시인 위스턴 오든은 "그와 우리 시대와의 관계는 단테, 셰익스피어, 괴테와 그들 시대와의 관계와 가장 비슷하다"라고 말했다. 문학사에서 그는 프랑스 작가 마르셀 프루스트

모더니즘   20세기 초에 시작되어 유럽과 미국 문단을 휩쓴 문예사조로, 당대 서구의 사회 위기와 정신 위기, 예술 위기를 문예 영역에 반영했다. 1920년대에 독일을 중심으로 일어난 표현주의, 이탈리아를 중심으로 한 미래주의, 프랑스를 중심으로 한 초현실주의, 영국을 중심으로 한 의식의 흐름 문학이 일으킨 실존주의 문학, 부조리극, 신소설파, 비트 세대, 블랙 유머 등을 포함한다. 모더니즘 문학의 대표주자로는 아일랜드의 제임스 조이스와 프랑스의 마르셀 프루스트, 독일어로 작품을 쓴 프란츠 카프카가 손꼽힌다.

와 아일랜드 작가 제임스 조이스 등과 함께 모더니즘 문학의 선구자로 평가

된다. 비록 카프카가 생전에는 널리 알려지지 않았지만 시간이 흐르면서 사

람들은 점차 작가로서의 가치를 발견했고, 작품들도 전 세계적인 반향을 일

으켰다. 오늘날 카프카는 프라하의 자랑이 되어 매년 수천, 수만 명의 사람

들이 들러 그의 발자취를 더듬고 있다.

**프라하의
참을 수 없는
가벼움**

「프라하의 봄」이라는 영화를 기억하는 사람들이 많다. 소설 『참을 수 없는 존재의 가벼움』을 바탕으로 만들어진 이 영화는 1988년에 개봉되어 세계적 으로 커다란 반향을 일으켰고, 체코슬로바키아 출신 작가 밀란 쿤데라의 이 름을 널리 알렸다.

쿤데라는 1929년 4월 1일, 체코슬로바키아 제2의 도시 브르노에서 태어 났다. 아버지는 피아니스트이자 음악학자로, 그의 성장에 많은 영향을 끼쳤 다. 어린 시절 쿤데라는 아버지에게 피아노를 배우면서 한 걸음 한 걸음 음 악의 세계로 나아갔다. 동시에 문학에도 호기심을 느껴 아버지가 소장한 책 들을 읽어나갔다. 제2차 세계대전 기간이었던 열서너 살 때에는 아버지의 권유로 체코슬로바키아의 유명 작곡가인 파블 하스 밑에서 작곡을 배웠다. 쿤데라는 훗날 "스물다섯 살이 되기 전까지 나에게는 음악이 문학보다 더욱 매력적이었다"라고 회상했다.

1947년에 열여덟 살이 된 쿤데라는 체코슬로바키아 공산당에 가입했다. 1948년에는 프라하 카를대학교 철학과에 입학했다가 두 학기 만에 프라하의 공연예술아카데미의 영화학부로 옮겼다. 이 기간 동안 쿤데라는 반공산당 활동을 했다는 이유로 공산당에서 추방당했고, 이후 자신의 모든 시간을 음악 공부와 글쓰기에 쏟았다. 쿤데라는 음악에 미련을 가지면서도 시 창작의 열정에 휩싸였다. 체코슬로바키아에는 서정시의 전통이 있어 사람들은 시를 좋아했고, 뛰어난 시인들을 사랑했다. 그래서 많은 작가들이 먼저 시를 통해 문단에 등장했다.

운 좋게도 함께 공산당 활동을 했던 시인 루드비크 바출리크가 쿤데라의 예술적 재능을 알아보고 그를 평론가 얀 그로스만에게 소개하면서 본격적으로 시인의 길로 들어설 수 있었다. 1953년에 첫 번째 시집 『인간 : 드넓은 정원』이 출판되었고, 이어 『독백』, 『마지막 5월』 등의 시집을 출간했다. 하지만 이 시집들은 역설적인 어조와 에로티시즘 때문에 많은 사람들의 분노를 샀고, 체코슬로바키아 당국의 비난을 받았다. 하지만 아이러니하게도 이러한 비난은 오히려 그의 명성을 널리 알리는 역할을 했다.

1956년 체코슬로바키아 사회가 다소 느슨해지면서 쿤데라의 당적도 회복

영화 「프라하의 봄」   체코슬로바키아의 작가 밀란 쿤데라의 대표작 『참을 수 없는 존재의 가벼움』을 원작으로 한 이 영화는 필립 카우프만이 감독을 맡았고, 1988년에 '미국 영화 베스트 10'에 선정되었다. 영화의 줄거리는 다음과 같다. 1968년 체코 프라하의 봄(1968년 체코슬로바키아에서 일어난 민주화운동. 이 운동을 막기 위해 불법 침략한 소련군의 군사 개입을 포함해 '체코 사태'라고도 한다―옮긴이) 시기, 의사인 토마시는 어느 요양지에서 테레자를 만나 사랑에 빠져 결혼을 하고, 그녀를 자신의 오랜 연인인 사비나에게 소개해준다. 소련군이 쳐들어오자 사비나와 토마시 부부는 스위스로 도망가지만 얼마 뒤 사비나 혼자만 미국에 가고 토마시 부부는 프라하로 되돌아온다. 그러나 토마시가 병원에서 해고되면서 부부는 어쩔 수 없이 시골에 살고 있는 토마시의 예전 환자를 찾아간다. 어느 날 저녁, 토마시 부부는 시골 사람들과 함께 인근 읍내로 나가 술을 마시고 돌아오는 길에 차 사고로 죽고 만다.

밀란 쿤데라는 체코가 낳은 세계적인 작가로,
그의 작품은 여러 언어로 번역되어 수많은 독자들의 사랑을 받고 있다.

되었다. 2년 뒤에는 프라하 공연예술아카데미에서 교편을 잡고 세계 문학을 가르쳤는데, 이곳에서 그는 즐겁고 자유롭게 10여 년의 세월을 보냈다. 1958 년 쿤데라는 극본을 쓰는 중간에 심심풀이로 단편소설을 써보기로 결정하고 작업에 들어가, 이틀도 안 걸려 『나, 슬픔의 신』을 완성했다. 이 작품으로 쿤데라는 자신에게 소설 창작의 재능이 있음을 발견했다.

1959년에 쿤데라는 첫 번째 소설 『우스꽝스러운 사랑들』을 발표했다. 훗날 동명의 소설집이 출간되었을 때는 15만 권이나 발행했는데, 이는 유럽의 작은 나라에서는 엄청난 성공이었다. 이 소설집에서 그는 가벼운 어조로 해학과 지성, 반어와 철학, 사랑과 성[性] 같은 무거운 주제를 표현해냈다. 또한 비극과 희극의 구분이 없고 인간의 성격을 모호하게 표현하는 쿤데라 특유의 상징적인 요소들을 발견할 수 있다. 이것들은 모두 그의 창작의 밑바탕을 이루었다.

1962년부터 쿤데라는 첫 번째 장편소설 『농담』의 집필에 들어갔다. 이 소설은 출간되자마자 엄청난 반향을 일으켜 3쇄까지 찍었고 수십만 권이 금세 동이 났다. 소설은 세계 각국의 주목을 받으면서 프랑스어, 영어, 일어 등 수십 가지 언어로 번역되었다. 프랑스의 유명 작가 루이 아라공은 이 소설의 프랑스어 판 서문을 쓰면서 『농담』은 20세기의 가장 뛰어난 소설 가운데 하나라고 평가했다.

쿤데라는 세계적인 명성을 얻었지만 개인적인 상황은 오히려 나날이 악화되었다. 1967년 여름에 쿤데라는 제4차 체코슬로바키아 작가연맹대회에서 긴 연설을 했는데 이것이 바로 1968년 '프라하의 봄'의 전주곡이 되었다. 1968년 8월, 소련의 탱크가 체코슬로바키아로 밀고 들어온 뒤에 『농담』은 금서가 되어 서점과 도서관에서 사라졌다. 쿤데라도 당국의 소환심문을 받고 당적을 박탈당했고 공연예술아카데미 일도 잃었다. 쿤데라가 인생에서 가장 힘든 시절을 보내고 있을 때 가브리엘 가르시아 마르케스 같은 유명 작가들이 지지를 보냈다. 1969년부터 1973년까지 쿤데라는 여전히 프라하에 머물면서 장편소설 『인생은 다른 곳에』와 『이별의 왈츠』, 극본 『야쿠브와 그의 주인』 등의 작품을 썼다.

하지만 상황이 더 안 좋아지자 1975년에 쿤데라는 아내와 함께 체코슬로바키아를 떠나 프랑스로 이민을 갔다. 쿤데라는 금세 프랑스 독자들이 가장 좋아하는 외국 작가가 되었다. 이 시기에 『소설의 예술』, 『배신당한 유언』, 『웃음과 망각에 관한 책』 등을 출판했다. 1979년 체코슬로바키아 정부는 그의 시민권을 박탈했다. 하지만 그의 문학적 명성은 나날이 높아졌고 프랑스의 프랑수아 미테랑 대통령은 쿤데라에게 프랑스 시민권을 주었다.

쿤데라의 작품은 세계적으로 커다란 반향을 일으켜 20여 개 언어로 번역되었고, 수차례 재판再版에 들어갔을 뿐만 아니라, 노벨상을 제외한 권위 있는 여러 상을 받았다. 1973년 『인생은 다른 곳에』로 프랑스에서 외국 소설에게 주는 최고 상인 메디치 상을, 1978년에는 『이별의 왈츠』로 이탈리아에서 프레미오 레테라리오 몬델로 상을 받았다. 1985년에는 『참을 수 없는 존재의 가벼움』으로 이스라엘의 예루살렘 국제문학상을 받았고, 1986년에는 노벨문학상 후보 6명 안에 들었다. 미국 잡지 『뉴스위크』는 "밀란 쿤데라는 매우 독특한 작가다. 그의 작품은 고도의 철학적인 사색으로 복잡한 인생을 드러내 보이는 데 상당한 예술적 깊이를 지녔다"라고 평가했다. 『워싱턴 포스트』는 쿤데라가 "철학소설을 몽환적인 서정성과 짙은 감정을 담은 새로운 수준으로 끌어올렸다"며, 이는 그를 "구미에서 가장 걸출하고 흥미로운 소설가"이자 "세계에서 가장 위대한 현존 작가"로 만들어주었다고 평했다.

시간이 흐르면서 동유럽의 정세가 변화하자 쿤데라는 점점 조국과의 거리를 좁혀갔다. 1990년에 그는 15년 만에 조국 땅을 다시 밟았다. 1995년 가을, 체코공화국 정부는 국가 최고 공훈상을 수여했다. 쿤데라는 흔쾌히 상을 받으며 "정말 감동적입니다. 저를 특히 감동시킨 것은 바츨라프 하벨이 제게 보낸 편지입니다. 그는 이번 수상을 저와 조국, 조국과 저와의 관계에 마침표를 찍는 것으로 본다고 했습니다"라고 말했다.

바츨라프 하벨(1936~)　　체코슬로바키아의 유명 극작가이자 정치가. 1936년 프라하에서 태어나 1955년부터 글을 쓰기 시작했다. 프라하의 봄 이후 박해를 받아 1977년 10월 '공화국의 이익을 해친다'는 이유로 14개월의 유기징역을 받았다. 1979년에는 공화국 전복 기도 혐의로 4년 반의 유기징역에 처해져 국제 사회의 주목을 받았다. 1983년 출옥한 뒤에 1990년 체코슬로바키아의 대통령이 되었다. 1992년에는 슬로바키아의 독립으로 연방 대통령에서 물러났다가 1993년에 체코공화국의 대통령이 되었고, 1998년에는 연임에 성공했다. 대표작으로는 『거지의 오페라』, 『하벨 자서전』, 『라르고 데솔라토』 등이 있다.

역사적인 이유로 인해 쿤데라와 프라하 사이에는 불쾌한 감정의 앙금이 남아 있었다. 비록 그가 프라하에서 대학을 다녔고 청년 시절에 줄곧 프라하에서 글을 썼고 많은 작품들이 프라하를 배경으로 했지만, 소설에서 그리는 프라하는 결코 사랑스러운 장소가 아니다. 게다가 쿤데라는 프라하를 떠날 때 결코 돌아오지 않겠다고 다짐하기도 했다. 몇 년이 흐른 뒤에 그는 다음과 같이 말했다. "평생 동안 외국으로 이민 가는 것은 단 한 번으로 족하다. 나는 프라하에서 파리로 이민을 왔는데 다시 파리에서 프라하로 이민을 갈 힘은 영원히 생기지 않을 것이다." 하지만 그는 프라하를 잊지는 못했다. 체코에서 살았던 45년 가운데 대부분의 시간을 프라하에서 보내서였을까.

부다페스트

4장 | 도나우 강의 진주 부다페스트

푸른 도나우 강은 오늘날 헝가리의 수도인 '도나우 강의 진주' 부다페스트를 북서쪽에서 남동쪽으로 굽이굽이 흐르다 S형을 이루며 시내를 가로지른다. 마치 부다페스트를 예리한 칼로 두 동강이를 내는 것처럼 보이기도 하지만, 아홉 개의 웅장하고 개성 있는 다리들이 부다와 페스트가 있는 양쪽 기슭을 긴밀하게 연결시켜 하나의 도시로 만들었고, 수많은 이야깃거리를 낳았다. 바로 이곳에서 훈족들의 말발굽 먼지가 일어났고, 산도르 페퇴피가 격정에 찬 시를 남겼으며, 러요시 코슈트가 헝가리 독립운동을 벌였고, 프란츠 폰 리스트가 아름다운 피아노 선율을 연주했다.

부다페스트에는 양쪽 기슭의 부다와 페스트를 이어주는 아홉 개의 다리가 있다.
덕분에 두 도시는 하나로 연결되어 오늘날 헝가리의 정치·행정·산업의 중심지가 되었다.

수천 년 동안 도나우 강을 따라 여러 도시들이 세워졌다. 헝가리를 지날 때 두나 강(도나우 강의 헝가리식 이름—옮긴이)은 같은 지점의 양쪽 기슭에 두 개의 도시, 부다와 페스트를 낳았다. 서쪽 기슭의 부다는 산으로 성을 쌓은 듯 언덕이 많고, 동쪽 기슭의 페스트는 평탄하고 단조로운 평야가 많다. 두 도시는 나름의 독특한 역사를 가지고 있지만 결국 하나가 되었다.

　푸른 도나우 강은 오늘날 헝가리의 수도인 '도나우 강의 진주' 부다페스트를 북서쪽에서 남동쪽으로 굽이굽이 흐르며 느릿느릿 통과한다. 아홉 개의 다리들이 부다와 페스트가 있는 양쪽 기슭을 긴밀하게 연결시켜 하나의 도시로 만들었고, 수많은 이야깃거리를 낳았다. 바로 이곳에서 훈족들의 말발굽 먼지가 일어났고, 샨도르 페퇴피가 격정에 찬 시를 남겼으며, 러요시 코슈트가 독립운동을 벌였고, 프란츠 폰 리스트가 아름다운 피아노 선율을 연주했다.

오 랜 역 사 를 간 직 한 쌍 둥 이 도 시

고고학의 도움을 통해 일찍이 기원전 3,000년 즈음부터 원시 주민들이 도나우 강 서쪽 기슭의 부다 일대에서 거주했다는 사실이 밝혀졌다. 기원후 1세기에 로마인들이 풍요로운 판노니아 평원을 정복했고, 부다는 로마 제국의 속주屬州가 되었다. 5세기 후반에 서로마가 붕괴하면서 많은 유목민족들이 대이동을 시작했는데 초기의 여러 민족에 이어 이곳을 점거한 민족이 아바르족이다.

560년에 아바르족의 영역은 볼가 강부터 도나우 강 어귀까지 확대되었고, 아바르족의 지도자는 도나우 강 북쪽 기슭을 통치의 중심으로 삼았다. 이들은 북쪽으로는 슬라브족을 공격하고, 서쪽으로는 게르만족의 지역에 진입했지만, 562년에 프랑크 왕국에 대패하면서 흑해 지역으로 흩어졌다. 567년에 아바르족은 롬바르드족과 연합해서 헝가리와 트란실바니아에 살고 있던 게르만족의 일파인 게피다이족을 멸망시키고 헝가리를 점령했다. 전성기 때 아바르족은 비잔틴 제국(동로마 제국. 비잔티움 제국이라고도 한다―옮긴이)의 수도 콘스탄티노플에도 맹렬한 공격을 퍼부었지만, 이 공격이 실패로 돌아가면서 세력이 급속도로 줄어들었다. 8세기 말에 이르러 프랑크 왕국의 카롤루스 대제의 공격을 받은 아바르족은 철저히 쇠퇴했다. 9세기 말이 되면 아바르족에 속했던 지역은 두 개의 국가로 양분되었다. 하나는 슬라브족이 세운 대*모라비아 왕국으로 보헤미아부터 판노니아 사이의 지역을 다스렸고, 다른 하나는 불가르족의 튀르크 칸국으로 헝가리 남부와 왈라키아, 발칸 산 이북의 불가리아를 통치했다.

이와 동시에 원래 우랄 산 서쪽 산기슭과 볼가 강 일대의 유목민 부락에 거주하던 마자르족도 볼가 강과 카스피 해를 따라 서쪽으로 이동했다. 몇 세기에 걸쳐 여기저기를 전전하던 이들은 결국 카르파티아 분지에 이르렀다. 족장 아르파드의 지도 아래 896년부터 이곳에 정착하기 시작했는데, 이들이

아바르족 아시아 서부에서 기원한 아바르족은 일반적으로 몽골-튀르크계에 속하는 것으로 생각되는데, 중국 역사서에 기록된 고대 유목민족 유연柔然과 동일 민족이라는 설도 있다. 550년부터 560년까지 튀르크가 에프탈족(중앙아시아의 고대 유목민족―옮긴이)을 격파하면서 아바르족은 서쪽으로 이동했다. 6세기에 유럽으로 들어갔지만 동로마 제국 유스티니아누스 1세의 공격을 받고 지금의 독일 지역으로 이동했다. 그 후 판노니아 평원에 눈을 돌려 9세기 초까지 줄곧 이곳을 다스렸다. 오늘날 아바르족은 러시아 연방의 소수 민족으로서 주로 다게스탄 자치공화국 중서부 산악 지역에 거주한다.

카롤루스 대제(742~814, 재위 768~814) 샤를마뉴로도 불리는 카롤루스 대제는 프랑크 왕국의 왕으로, 카롤링거 왕조의 단신왕短身王 피핀의 아들이다. 800년에 로마 교황 레오 3세로부터 황제로 대관되었는데, 이 사건은 동로마 제국의 영향에서 완전히 독립한 서로마 제국의 부활을 의미하는 것이었다. 중유럽과 서유럽의 대부분 지역을 포함하는 광대한 왕국을 세웠고, 비잔틴 제국과 아드리아 해 지역을 놓고 전쟁을 벌였다. 지중해 연안에서는 아랍인들의 습격을 막아냈고, 북해 연안에서는 북유럽의 해적을 격퇴했다. 814년 제국의 수도인 아헨에서 병사했다. 로마 고전문화의 부활을 장려해 카롤링거 르네상스를 이루었다.

바로 오늘날 헝가리 민족의 조상이다. 마자르족은 최초의 정착지로 부다페스트 북쪽에 위치한 험준한 비셰그라드 산 정상을 선택했다. 오늘날 부다페스트 동쪽의 영웅 광장 중앙에는 1896년 헝가리 민족의 유럽 정착 천 년을 기념하기 위해 세운 '건국 천 년 기념비'가 높이 솟아 있다. 그 아래에는 아르파드를 중심으로 정착 초기 일곱 부족의 부족장을 묘사한 기마상 일곱 개가 있다. 기념비를 에워싼 반원형의 기단에는 헝가리 건국과 발전에 커다란 공을 세운 영웅 열네 명의 동상이 세워져 있다.

1000년에 헝가리 최초의 왕이 된 이슈트반 1세(재위 997~1038, 처음에는 대공으로 불리다가 뒤에 왕으로 불림)는 마자르족 수장 게조의 아들로 비非기독교인으로 태어났으나, 열 살 때 세례를 받아 기독교 교도가 되었고 이때부터 이슈트반으로 불리기 시작했다. 기독교 국가의 일원이 된 헝가리 왕국 덕분에 유럽은 아시아 야만족들의 공격을 피할 수 있었다. 그래서 유럽세계에서는 헝가리를 '기독교의 방패'라 불렀다. 가톨릭을 국교로 정한 이슈트반 1세는 국가의 행정체계를 발전시키고 현을 기본단위로 하는 행정기구를 정비하는 등 많은 업적을 남겼다. 오늘날 부다페스트 시내 최고의 성당으로 손꼽히는 성 이슈트반 대성당은 바로 헝가리를 건국한 그를 기념하기 위해 세운 것이다. 성당에는 이슈트반 1세의 오른손이 미라로 보관되어 있다. 하지만 영광도 잠시, 지리적으로 매우 중요한 위치인 서유럽과 동유럽의 거점에 자리 잡

마자르족　　　헝가리는 예로부터 다키아인, 일리리아인, 게르만인, 켈트인 등이 거주한 비옥한 지역으로, 로마가 기원전 35~95년에 걸쳐 정복한 뒤에 속주로 만들었다. 5세기에는 훈족·동고트족·롬바르드족이, 6세기에는 아바르족이 잇달아 점거했고, 한때 카롤루스 대제의 영토가 되기도 했다. 9세기에는 슬라브계의 모라비아 왕국이 형성되었으나, 10세기 초에 동방에서 침입한 마자르족에게 멸망당했다. 마자르족은 오늘날 헝가리 민족의 기원이 되었다.

은 부다페스트는 줄곧 고난의 세월을 보내야 했다. 특히 몽골과 튀르크의 침입 때는 도시가 폐허가 될 정도로 파괴되었다.

13세기에는 아시아 초원에서 일어난 몽골의 세력이 도나우 강 유역까지 미쳤다. 유럽 각국의 군대가 연이어 참패했을 때 헝가리인들이 용감히 일어나 선혈로 유럽을 지켜냈다. 1241년 헝가리 왕 벨라 4세는 7만 명에 달하는 대군을 이끌고 부다 성 북쪽을 떠나 칭기즈 칸의 손자인 바투가 이끄는 몽골의 대군을 맞이했다. 몽골군은 헝가리군과 결전을 벌이고 싶지 않은 듯 사요 강변의 모히 평원까지 후퇴해 다리를 통과했다. 그리고 사요 강의 동쪽 기슭까지 퇴각해 숲으로 자취를 감추었다. 벨라 4세의 대군은 강 서쪽 기슭에 마차를 서로 이은 원형의 방어선을 만들고 야영을 했다. 이 전술은 훈족의 수령 아틸라의 전통을 이은 것으로 생각된다. 다음날 헝가리 군대는 몽골군이 포진해 있던 다리로 진격해 들어가 몽골군을 격퇴시켰고 사요 강 동쪽 기슭에서 다시 야영을 했다. 벨라 4세는 몽골군이 고의로 퇴각해서 헝가리 대군을 모히 평원이라는 이상적인 전쟁터로 유인하려 한다는 생각은 전혀 하지 못했다. 결전을 앞두고 바투는 칭기즈 칸처럼 높은 곳에 올라가 몽골인들이 믿는 '하늘'이라는 뜻을 가진 텡그리tengri의 가호를 빌며 하룻밤 내내 기도를 드렸다.

1241년 4월 11일 새벽, 몽골의 대군은 헝가리 군대의 야영지에서 남쪽으로 몇 킬로미터 떨어진 곳에서 사요 강을 건너 급습했다. 벨라 4세의 7만 대군은 모히 평원에서 황급히 남쪽으로 이동해 진을 쳤다. 이때 몽골군은 전부 합쳐 5만 명 정도였다. 바투가 직접 이끄는 기병 2만 명은 서쪽으로 우회해서 헝가리 진영의 오른쪽을 공격했고, 수부타이가 이끄는 기병 3만 명은 더욱 우회해서 헝가리 대군의 북쪽을 향했다. 벨라 4세는 오른쪽이 공격받는 것을 보

1 마자르족은 오늘날 헝가리인들의 직접적인 조상으로 여겨지고 있다.
2 아름다운 경치와 찬란한 역사를 간직한 부다페스트는 도나우 강의 진주로 불린다.
3 헝가리 왕 벨라 4세는 몽골군과 목숨을 건 전투를 벌였다.

1
2
3

고 헝가리 진영의 우익을 중심축으로 삼아 전체적으로 오른쪽으로 돌게 해서 바투의 기병 2만 명을 포위하려 했다. 마케도니아의 알렉산드로스 왕을 본받은 듯한 벨라 4세의 이 전술은 생각은 좋았지만, 아쉽게도 헝가리 군대는 마케도니아 군대가 아니었다. 단 한 번도 빠른 속도로 움직이면서 대형을 유지하는 훈련을 받은 적이 없었던 헝가리 군대는 이동 과정에서 서로 엉키면서 혼란이 일어났다. 이때 수부타이가 이끄는 기병 3만 명이 갑자기 후방에서 공격했고, 헝가리 진영은 순식간에 무너져버려 사방으로 흩어졌다. 벨라 4세는 나머지 군사들을 이끌고 사요 강변의 진영에서 험준한 지형에 의지해 완강하게 저항했다.

헝가리 진영을 에워싼 몽골군은 유럽인들에게 몽골 공성攻城 무기의 위력을 보여줬다. 몽골은 금金을 멸망시킨 뒤에 중국의 장인들을 대거 모집해 정교한 석궁과 투석기를 만들었고 다시 이것들을 분해해 말에 싣고 운반했다. 몽골 병사들은 석궁으로 헝가리 진영에 불화살을 날렸고, 투석기로는 대량의 돌과 기름을 잔뜩 부은 항아리와 폭죽 등을 헝가리 병사들의 머리 위로 투척했다. 한 번도 본 적이 없는 장면에 헝가리 병사들은 혼비백산했다. 헝가리 군대가 절망하고 있을 때 누군가가 몽골군의 포위벽 서쪽에 약간의 빈틈이 있는 것을 발견했다. 용감한 헝가리 기병 한 명이 먼저 그 빈틈을 돌파해 조금도 다치지 않고 도망치는 데 성공했다. 그러자 이성을 잃은 헝가리 병사들이 서로 앞다투어 빈틈으로 도망을 쳤다. 하지만 얼마 지나지 않아 몽골 기병들이 양쪽에서 압박을 가해 헝가리 패잔병들을 오도 가도 못하게 만들었다. 화살이 비처럼 쏟아져 가련한 헝가리 병사들을 뒤덮었고, 화살에 맞고 말에서 떨어진 헝가리 병사들을 몽골군이 긴 창과 칼로 살육했다. 모히 평원 전투에서 1만 명에도 못 미치는 헝가리 병사만이 겨우 살아서 돌아갔다. 벨라 4세는 호위대가 목숨을 걸고 보호한 덕분에 겨우 도망칠 수 있었지만, 몽골군의 추격이 끈질기게 이어졌다. 결국 벨라 4세는 크로아티아까지 도망가 어느 섬에 몸을 숨긴 뒤에야 겨우 목숨을 부지할 수 있었다.

몽골군이 폴란드와 헝가리를 함락시키자 유럽 전체가 경악했다. 성전기사단의 단장은 프랑스 왕 루이 9세에게 보낸 편지에서 중유럽의 어떤 군대도 몽골군이 프랑스에 도달하는 것을 막을 수 없다고 했다. 유럽 전체가 함락되는 것을 막기 위해 루이 9세는 직접 군대를 이끌고 오스트리아에서 몽골군을 격퇴하기로 결정했다. 떠나기 전 그는 왕비에게 다음과 같이 말했다. "이번 원정은 우리가 몽골군을 지옥으로 보내는 것이 아니라, 몽골군이 우리를 천국으로 보내는 것입니다." 프랑스 군대가 출정 준비를 하고 있을 때 머나먼 동쪽에서 몽골 제국의 황제 오고타이 칸(우구데이 칸)의 병사 소식을 전해왔다. 몽골군은 관례대로 군대를 해산했고 이로써 유럽은 죽음의 공포에서 벗어날 수 있었다. 하지만 헝가리는 수도 부다페스트가 완전히 파괴되는 불행을 피할 수 없었다. 1247년 벨라 4세는 부다의 고지대에 도시를 재건했다.

14세기에 동쪽의 튀르크족들이 발칸 반도에서 헝가리 남부로 쳐들어왔다. 당시 헝가리는 마티야슈 1세(별칭은 까마귀왕 마티야슈—옮긴이)의 통치 아래 황금기를 누리고 있었다. 마티야슈 1세는 1443년 2월 24일 콜로스바르(오늘날 루마니아 북부 도시 클루지나포카—옮긴이)에서 태어나 1458년 1월에 즉위했다. 즉위하자마자 군사를 일으켜 상층 귀족의 반란을 평정해 전국을 통일하고 중앙집권을 위한 기초를 다졌다. 그리고 중·소 봉건영주와 시민들의 지지 속에 군사와 정치, 경제 전 방면에 걸쳐 개혁을 단행했다. 상층 귀족으로부터 독립한 신식 장비로 무장한 상비군 '검은 군대'를 조직해 외적의 침입을 방어하고, 낡은 행정기구를 개혁해 재상 관저를 세우고, 왕이 국가의 대사에 직접 개입해 처리할 수 있는 법안을 마련했다. 법제를 강화해 어전御前 법정을 설립하고, 계층에 상관없이 인재를 선발해 하층귀족, 평민, 나아가 농노에게도 신분 상승의 기회를 주었다. 세수제도를 개혁해 국고 수입을 증가시켰고, 대귀족의 가혹한 세금 착취를 제한했으며, 공업을 보호하고 광산 개발을 장려했다. 아울러 과학과 문화를 중시해 이탈리아 르네상스가 이룬 문화적 성취를 헝가리에 널리 퍼뜨려 헝가리 최대의 코르비누스 도서관과 헝가리 최초의 대학을 설립했다. 대외적으로는 강대한 도나우 강 왕국을 세우는 데 힘썼고 신성로마 제국의 황위에 오르기 위해 노력했다. 1462년부터 1468년까지 오스만 제국과의 전쟁에서 수차례 승리를 거두었다. 1468년 보헤미아와 전쟁을 벌여 1478년 모라비아와 슐레지엔 등지를 점령하고 보헤미아 왕의 칭호를 얻었다. 1485년에는 신성로마 제국 황제를 패배시키고 오스트리아 대부분 지역과 수도 빈을 점령했다.

부다 지역 어부의 요새에 위치한 마티야슈 성당은 본래 벨라 4세가 1255년부터 1269년까지 지은 성당으로, 원래 이름은 성모 마리아 대성당이다. 15세기에 마티야슈 1세가 성당 남쪽에 첨탑을 세우고 이곳에서 성대한 결혼식을 거행한 뒤부터 '마티야슈 성당'으로 불린다. 이후 역대 헝가리 왕들의 대관식이 모두 여기에서 거행되어 '대관식 성당'으로도 불린다. 13세기 무렵 가톨릭 교회로 지어진 마티야슈 성당은 오스만 제국 점령기에는 이슬람 모스크로 변하는 등 왕조와 시대의 변화에 따라 그 모습을 달리했다. 오늘날 성당의 모습은 1874년부터 1896년 사이에 완성되었다. 성당 꼭대기에 있는 까마귀 조각상은 마티야슈 1세를 상징한다.

마티야슈 1세가 서거하자 오스만 제국의 군대가 다시 헝가리로 쳐들어와 1526년에 헝가리를 격파했다. 이로써 부다와 페스트는 1686년까지 무려

1
3
2
4

1 마티아슈 1세는 정치와 경제, 국방을 포함한 전 방면에 걸쳐
대규모 개혁을 단행해 헝가리를 중부 유럽 제일의 강국으로 만들었다.

2 오랜 역사를 지닌 마티아슈 성당은 헝가리 황금기의 상징으로
오늘날에도 부다페스트 시민들의 사랑을 받고 있다.

3 오스트리아–헝가리 제국 시기에 지어진 국회의사당은
부다페스트를 대표하는 상징적인 건물이다.

4 1873년에 부다와 페스트는 정식으로 합병되어 오늘날의 부다페스트가 되었다.

150여 년 동안 오스만 제국에게 유린당했다. 오스만 제국이 부다를 점령한 1541년부터 헝가리는 세 부분으로 나뉘었는데 서부 지역은 오스트리아 합스부르크 왕가가 다스렸고, 중부 지역은 튀르크군이 통치했고, 동남부 지역인 트란실바니아는 헝가리 문화와 민족의 근거지가 되었다. 1686년 헝가리군은 오스만 제국의 손아귀에서 부다를 되찾았고, 곧이어 나라 전체를 해방시켰다. 이때부터 200여 년에 달하는 합스부르크 왕가의 통치가 시작되었다. 부다는 이 시기에 또다시 전성기를 맞이해 바로크 스타일과 네오고딕 스타일의 건물들이 대규모로 들어섰다.

1848년 봄, 혁명의 물결이 유럽을 휩쓸면서 3월 15일에 러요시 코슈트가 이끄는 헝가리혁명이 발발했다. 1849년 4월 4일, 합스부르크 왕가 출신의 황제는 왕위를 헝가리에 넘겼고, 헝가리 의회는 즉시 독립 선언을 하고 헝가리공화국을 세웠다. 하지만 같은 해 여름, 합스부르크가를 지원한 러시아 군대가 들어오면서 헝가리공화국은 무너지고 말았다. 1867년 헝가리와 합스부르크 왕가는 '대타협Ausgleich'을 통해 오스트리아─헝가리 제국을 세웠다. 외교와 국방 및 재정의 기본 토대는 공동으로 하되, 입법기구와 정부내각, 수도 등은 각각의 정부가 운영하는 이중 제국이었다. 당시 헝가리 여왕은 널리 알려져 있는 오스트리아의 엘리자베트(씨씨) 황후로, 헝가리 국민들의 깊은 사랑을 받았다. 1873년에 부다와 페스트가 정식으로 합병되어 오늘날의 부다페스트가 되었다.

오스트리아─헝가리 제국 시기에 기존의 의회 건물 두 개가 제 기능을 충분히 발휘하지 못하자, 오늘날 부다페스트의 상징이 된 국회의사당이 탄생했다. 도나우 강변에 위치한 부다페스트 국회의사당은 헝가리의 유명한 건축가 임레 슈테인들이 설계하고, 1884년에 공사를 시작해 1902년에 완공했다.

웅장한 네오고딕풍 건물로 길이가 268미터, 너비가 118미터, 평균 높이가 42미터, 중심의 원형 돔 높이가 96미터다. 주변을 두 개의 커다란 고딕식 첨탑과 22개의 작은 첨탑이 둘러싸고 있다. 건물 내부에는 691개의 방과 회의실, 홀, 27개의 문이 있으며, 계단의 총 길이는 약 20킬로미터에 달한다. 중요한 방마다 헝가리를 대표하는 역사적 인물들의 초상화와 조각상, 헝가리 역사의 중요한 사건을 묘사한 거대한 벽화로 장식했다. 돔 아래에는 20여 개의 기둥에 총 50킬로그램의 금박 장식을 사용한 눈부시게 화려한 홀이 있는데, 중요한 회의와 의식이 모두 이곳에서 거행된다. 건물의 외부는 55만 개의 돌로 이루어진 조각상과 부조, 문양, 첨탑 등으로 장식했다.

제1차 세계대전이 끝난 뒤에 오스트리아-헝가리 제국은 해체되었고, 1918년 11월에 헝가리공화국의 수립이 선포되었다. 하지만 불과 몇 개월 뒤인 1919년 3월 21일에 헝가리소비에트공화국이 설립되었고, 다시 그해 8월에 루마니아가 침공해 공화국을 무너뜨리고 입헌군주제를 부활시켜 미클로시 호르티의 파시즘 통치가 시작되었다.

제2차 세계대전 동안 부다페스트는 엄청난 피해를 입었다. 도나우 강의 철교는 모두 파괴되었고, 시내의 과반수 이상의 건물들이 폭격을 받아 길거리에는 온통 무너진 담벼락과 탱크 잔해로 가득했다. 물과 전기, 가스도 모두 끊겼다. 그러나 전쟁이 끝난 뒤에 부다페스트는 다시 활기를 찾기 시작했다.

부 다 페 스 트 의 다 리 이 야 기

굽이굽이 흐르다 S형을 이루며 부다페스트 시내를 가로지르는 도나우 강은 기세가 세차고 위풍당당하다. 부다페스트를 예리한 칼로 두 동강이를 내는 것처럼 보이기도 하지만, 아홉 개의 웅장하고 개성 있는 다리가 부다와 페스트 자매를 이어주며 훌륭한 풍경을 만들어낸다. 그래서 부다페스트를 이야기할 때 다리 이야기를 절대 빼놓을 수 없다.

세체니 다리

부다페스트에 있는 아홉 개의 다리 가운데 가장 오래된 세체니 다리는 이곳의 상징이다. 세체니 다리를 짓기 전까지는 배 말고는 부다와 페스트 사이를 이어주는 교통편이 없었다. 전하는 이야기에 따르면 아버지의 부음을 들은 세체니 백작이 급히 빈으로 가서 장례식에 참석하려 했지만 도나우 강의 물결이 길을 막았다. 그러자 백작은 강 양편을 자유롭게 드나들 수 있도록 다리를 세우겠다고 맹세했다. 견고한 강철 다리를 만들기 위해 백작은 사재를 털어 직접 영국으로 시찰을 떠났고, 영국인 엔지니어 애덤 클라크를 데려와 다리 건설을 맡겼다.

1839년에 착공된 세체니 다리는 10년 뒤인 1849년에 완공되었다. 세체니 백작의 공헌을 기리기 위해 사람들은 '세체니 다리'라 이름 짓고 웅장한 축하의식을 거행했다. 쇠사슬로 만들어져 '사슬 다리'라고도 불리는 세체니 다리의 총 길이는 375미터, 교각 두 개 사이의 거리는 203미터로 완공 당시에는 가장 넓은 기둥 사이의 거리를 자랑했다. 다리가 시작되는 부분에 양쪽으로 헝가리인 야노슈 마르스할코가 1850년에 만든 사자상이 있다. 용맹한 자태를 뽐내는 네 마리 사자는 발톱으로 양쪽 기슭을 단단히 붙잡고 있는데, 이는 부다와 페스트가 단단히 연결되어 있음을 상징한다. 그런데 위엄 있는 모습의 돌사자에게는 혀가 없다. 그래서 여자들이 쉴 새 없이 수다를 떨면 헝가리 남자들은 입버릇처럼 "더 말했다가는 세체니 다리의 사자처럼 혀를

세체니 다리는 부다페스트에서 가장 먼저 건설되었기 때문에 부다페스트를 상징하는 다리가 되었다.

없애줄 거야"라고 말한다. 혀 없는 사자와 관련해서 슬픈 이야기가 전해진다. 돌사자가 완성되자 야노슈는 사자의 완벽한 모습에 매우 기뻐했다. 하지만 한 남자아이로부터 사자에게 왜 혀가 없냐는 질문을 받자 그만 자존심이 상해 도나우 강으로 뛰어들고 말았다.

세체니 다리의 건설을 지휘했던 클라크는 헝가리 여성을 아내로 맞아 평생 동안 부다페스트에서 살았다. 사람들은 다리 어귀에 광장을 만들고 그의 이름을 붙였다. 광장에는 클라크의 동상이 세워져 있는데, 파리의 개선문을 본떠 자신이 설계한 아치문을 자랑스럽게 바라보고 있다. 제2차 세계대전 때 독일군이 요새를 공고히 하기 위해 다리를 폭파했기 때문에 오늘날 우리가 보는 세체니 다리는 전쟁이 끝난 뒤에 다시 건설한 것이다. 부다페스트 시민들은 불과 1년이라는 짧은 시간 동안 다리를 재건했다. 외관상으로는 원래의 모습을 유지했지만, 다리의 너비를 넓히고 교면을 더욱 견고하게 하고 하중 능력을 강화했다. 다리는 처음 완공되었던 때로부터 꼭 100년 뒤인 1949년에 다시 개통됐다.

세체니 다리는 부다와 페스트를 긴밀하게 연결시킨 최초의 다리로 부다페스트 민중의 마음속에 자리 잡고 있다. 그래서 세체니 다리는 오랜 세월 동안 부다페스트의 상징으로 불리고 있다.

엘리자베스 다리

세체니 다리만큼 사람들의 이목을 끄는 다리로는 '부부의 다리'라는 별명이 붙은 엘리자베스(엘리자베트의 영어식 발음—옮긴이) 다리와 '자유'라는 뜻을 가진 사바차그 다리가 있다. 사바차그 다리는 1896년에 헝가리 민족이 아시아에서 유럽으로 옮겨온 지 천 년이 되는 해를 기념해서 지은 것으로, 처음에는 당시 오스트리아-헝가리 제국의 황제였던 프란츠 요제프의 이름을 따서 불렀다. 완공 기념식을 가질 때 프란츠 요제프 황제가 부다의 다리 어귀에서 증기기관과 연결된 버튼을 눌러 마지막 리벳^{rivet}이 교각에 박히도록 했다고 한다. 이 다리도 제2차 세계대전 때 파괴되었지만 재건되어 녹색 철교 위로 높이 솟은 첨탑이 여전히 황제의 위엄을 유지하고 있다.

엘리자베스 다리는 1897년부터 1903년에 걸쳐 건설되었는데 부다페스트의 다리 가운데 가장 짧지만 매우 아름답다. 다리의 이름은 당시 오스트리아-헝가리 제국의 황후인 엘리자베트에서 비롯되었다. 지금의 엘리자베스 다리는 제2차 세계대전이 끝난 뒤에 복원된 것으로, 모던한 느낌이 물씬 풍기는 현수교다.

엘리자베트 황후는 오스트리아의 황후였지만 헝가리와 그녀 사이에는 특별한 감정이 존재한다. 영화 속에서 그려진 천진하고 아름다운 씨씨 황후와 준수하고 다정한 프란츠 요제프 황제의 순수한 사랑은 마치 한 편의 동화 같아서 많은 이들을 매료시켰다. 하지만 역사의 진실은 영화에서 묘사한 것처럼 완벽하지는 않았다. 씨씨는 바이에른의 아름다운 자연 속에서 자유분방하게 자랐고, 프란츠 요제프 황제는 엄격한 궁정교육을 받으면서 성장했다. 이처럼 상반된 성장배경은 결혼생활의 불행의 씨앗이 되었다.

결혼 뒤의 생활은 더 이상 동화가 아니었다. 어린 엘리자베트 황후는 복잡한 사교예절, 무서운 고독, 아이들과의 생이별 등 여러 불행과 마주했고, 이로 인해 그녀는 정신적으로나 육체적으로나 모두 지치고 말았다. 그런데 엘리자베트 황후가 헝가리를 방문하면 항상 모두가 열정에 가득 찬 얼굴로 그녀를 바라봤다. 어쩌면 그녀는 이때부터 헝가리를 좋아하기 시작했는지도 모른다. 빈의 귀족들과 달리 엘리자베트 황후는 오스트리아 황후이지만 마음속 깊이 헝가리를 사랑했다. 헝가리의 음악은 물론이고 부다페스트의 바로크식 건물과 이곳의 색채와 리듬…… 이 모든 것을 사랑했다. 엘리자베트 황후의 헝가리에 대한 사랑과 견줄 수 있는 인물로는 기울라 온드라시 백작을 꼽을 수 있다.

온드라시 백작은 1848년 반反오스트리아 투쟁에 참가했다가 혁명이 실패하자 망명했는데, 훗날 결석재판에서 사형을 선고받았다. 10년간의 망명생활 끝에 마침내 사면받은 백작은 헝가리로 돌아와 정치적 이상을 펼치기 위해 끊임없이 투쟁했다. 오스트리아 황실의 인사들이 엘리자베트 황후의 시어머니와 동조해서 황후와 온드라시 백작이 불륜관계를 맺고 있다는 루머를 퍼뜨리기도 했다. 두 사람이 많은 공통점을 갖고 있었던 사실로 보아 서로 이성적으로 끌렸을 가능성도 있지만 루머가 사실인지는 확인되지 않았다. 1866년 프로이센의 철혈 재상 비스마르크가 점점 압박을 가해오자 프란츠 요제프 황제는 헝가리와 타협해야 한다는 사실을 깨닫고 온드라시 백작과 협상 테이블에 앉았다. 이때 엘리자베트 황후는 서로를 적대시하던 두 남자 사이에서 중재자 역할을 했다. 그녀는 오스트리아-헝가리 제국 성립의 토의 과정에서 드러난 포용력과 진보성, 선한 마음씨로 인해 헝가리 민중의 존경을 얻었다. 1867년에 오스트리아와 헝가리는 서로 타협해 오스트리아-헝가리 제국을 세웠다. 6월 8일, 헝가리 재상 온드라시 백작은 헝가리 국민들이 자신들의 여왕으로 선택한 엘리자베트 황후의 머리 위에 왕관을 씌어주었다. 빈에서 항상 비난받았던 그녀는 부다페스트에서 숭배의 대상이 되었다.

헝가리 사람들은 '헝가리의 베르사유 궁전'이라 불리는 괴될뢰 성을 수리해 엘리자베트 황후가 여름 별궁으로 사용하도록 했다. 이 성은 주변에 끝이 보이지 않는 숲이 펼쳐져 있어 보는 이의 탄성을 자아내는데, 그 아름다운 정취는 특히 가을에 더욱 빛을 발한다. 그 때문일까? 엘리자베트 황후는 "이 계절의 상수리나무는 금빛 햇살 아래 목욕을 해요"라며 헝가리의 가을에 특별한 애정을 보였다. 도나우 강이 흐르는 이 신비한 땅은 산과 물이 아름다워 자유를 사랑하는 그녀의 마음을 사로잡았다. 아마 이 때문에 그녀는 수십 년 동안 자주 이곳을 방문했을 것이다.

헝가리는 엘리자베트 황후가 평생 가장 사랑했던 곳이기에 그녀의 발이 머물렀던 곳이라면 어디든 여행객들의 발길을 이끈다. 오늘날에도 젊은 여성이 엘리자베트 황후로 분장한 채 우아하고 사랑스럽게 마장마술 공연을 펼치는 것을 볼 수 있다.

훈 족 의 　 발 자 취

우리에게 유럽의 헝가리는 왠지 친근한 나라로 다가온다. 이는 오늘날 많은 사람들이 헝가리인의 조상이라고 믿고 있는 훈족이 흉노匈奴와 관련이 있다는 주장 때문인데, 역사가들은 민족학과 민속학, 언어학 등의 도움을 받아 역사적 미스터리를 풀기 위해 노력하고 있지만 아직 확실하게 밝혀진 것은 아무것도 없다.

역사적으로 흉노는 호전적인 민족으로 알려져 있는데, 중국의 북쪽 지역에서 끊임없이 약탈을 해 역대 중국 황제들의 골칫거리였다. 진시황은 흉노를 막기 위해 만리장성을 쌓았고, 한무제는 흉노를 정벌하기 위해 수차례에 걸쳐 위청과 곽거병 같은 장군을 파견했다. 이러한 노력으로 중국은 북쪽 지역에 대한 흉노의 위협을 해결할 수 있었다. 이후 수백 년 동안 흉노족은 역사무대에서 사라진 듯했다. 문헌에서도 "서쪽으로 갔다"는 모호한 말을 쓸 뿐이다.

수백 년이 흐른 뒤에 '훈'이라는 이름의 민족이 나타나 돈 강과 볼가 강에 강대한 왕국을 이루고 있던 알라니족을 격파했다. 아틸라의 통치기에 훈 제국의 영토는 가장 확장되어 동쪽으로는 아랄 해, 서쪽으로는 대서양 해안에 닿았고, 남쪽으로는 도나우 강, 북쪽으로는 발트 해까지 이르렀다. 역사학자들이 '신의 채찍'이라 부르는 훈족 역사상 가장 위대한 아틸라 왕은 여러 번 대군을 이끌고 동로마 제국(비잔틴 제국)과 서로마를 공격해 막대한 타격을 주었다. 두 번에 걸쳐 발칸 반도를 침입해 콘스탄티노플을 포위하기도 했다. 뿐만 아니라 당시 서로마의 영토였던 갈리아(지금의 프랑스—옮긴이)의 오를레앙 지역까지 진격했고, 이탈리아로 넘어가 로마 시까지 공격하는 찬란한 업적을 세웠다.

아틸라는 대략 406년에 태어났다. 당시 로마와 주변 국가들 간에는 왕족을 인질로 보내는 외교 관례가 있었다. 418년, 열두 살의 아틸라는 로마 궁정으로 보내졌다. 로마에서 그는 훌륭한 교육을 받았고, 로마인의 전통과 풍습, 호화로운 생활 등을 배웠다. 아틸라는 로마의 내부 구조, 특히 로마의 내정과 외교정책을 연구하는 데도 힘을 기울였다. 이는 훗날 그가 훈족을 통치할 때뿐만 아니라, 나아가 로마를 정복할 때도 큰 도움이 됐다. 로마인들은 아틸라를 통해 로마 문화를 훈족의 영토에 널리 퍼뜨려 주변 민족에 대한 로마의 영향력을 높이려고 했다. 유럽의 문헌을 살펴보면 아틸라는 땅딸막하고 어깨가 넓으며, 짧고 굵은 목에 지나치게 큰 머리, 굵고 뻣뻣한 머리카락과 성글게 난 턱수염, 납작코, 날카롭고 음험해 보이는 검은 눈을 가졌다고 기록되어 있다. 이러한 묘사는 어쩌면 편파적일 수도 있지만 동양인의 이미지임에는 틀림없다. 아틸라의 키가 작았다는 사실은 수백 년의 세월이 흘렀지만 훈족이 여전히 순수 혈통을 유지하고 있었음을 말해준다.

432년에 훈족의 각 부족은 루아의 지도하에 통일을 이룩했고, 434년에 루아가 죽자 조카인 아틸라와 블레다가 뒤를 이었다. 이후 훈족의 세력은 급속도로 확장되어 아틸라와 블레다는 마르구스(지금의 세르비아 포자레바크—옮긴이)에서 당시 동로마 제국의 황제인 테오도시우스 2세와 협정을 맺었다. 그 내용은 동로마 영토 안에 인질로 있는 자를 포함해서 훈에서 도망친 자가 들어오는 것을 차단하고 도망친 자는 즉각 돌려보낼 것, 동로마 제국의 연간 공납액을 두 배로 올려 황금 700리브라(약 228.2킬로그램)로 할 것, 훈족 상인에게 더 많은 시장을 개방할 것, 포로로 잡힌 로마인 한 명당 금화 8닢의 몸값을 지불할 것 등이었다. 아틸라와 블레다는 동로마 제국에 대한 대규모 공격을 멈추고 페르시아와 발칸 반도로 눈을 돌렸다.

443년에 아틸라와 블레다는 약속을 이행하지 않은 것을 핑계 삼아 동로마 제국의 도나우 강 유역 변경에 대한 대규모 공격을 감행했다. 수도인 콘스탄티노플까지 포위하자 테오도시우스 2세는 즉각 투항하고 더욱 가혹한 협정을 체결했다. 동로마 제국은 전쟁 배상금으로 황금 6,000리브라(약 1,956킬로

훈족의 가장 위대한 왕인 아틸라는
유럽 전체를 공포로 몰아넣었다.

그램)를 지불하고, 공납액을 세 배나 인상해서 황금 2,100리브라(약 684.6킬로
그램)를 바치고, 로마인 포로 한 명당 몸값을 금화 12닢으로 올렸다. 협정이
체결되자 훈족은 다시 내륙 지역으로 돌아갔다. 445년에 아틸라는 블레다를
죽이고 훈족의 유일한 통치자가 됐다.

잇따라 불어닥친 심각한 역병과 기근은 동로마 제국의 세력을 더욱 약화시
켰다. 아틸라는 동로마 제국에 공납을 지속적으로 강요하는 동시에 서유럽
으로 눈을 돌렸다. 450년에 아틸라는 서로마와 결맹해서 툴루즈를 본거지로
삼은 서고트족과 대적하기를 바랐다. 당시 서로마의 황제 발렌티니아누스 3
세의 누이 호노리아는 수도원으로 추방될 위기에 처하자 어릴 때부터 알고
지내던 아틸라에게 금반지를 보내 구혼을 했다(당시 반지를 보내는 것은 구혼을
뜻했다). 아틸라는 발렌티니아누스 3세에게 지참금으로 서로마의 절반을 요
구했다. 하지만 황제는 아틸라의 요청을 거절하고 호노리아를 다른 남자와
결혼시켰다. 그러자 아틸라는 사자를 보내 명확한 설명을 요구했고, 이와 동
시에 서로마를 공격할 준비를 했다.

발렌티니아누스 3세에게서 만족스런 답변을 얻지 못한 아틸라는 훈족이 다스리던 알란족, 색슨족, 동고트족, 부르고뉴족, 헤룰리족 가운데 병사를 뽑아 자신이 이끄는 기마병과 함께 거대한 군대를 조직해 갈리아로 진격했다. 서로마의 뛰어난 장군이자 발렌티니아누스 3세의 정치고문이었던 플라비우스 아이티우스는 서고트족의 왕 테오도리크 1세와 협정을 맺어 훈족에 대항할 연합군을 편성했다. 결국 양측은 오늘날의 프랑스 북동부에서 카탈루냐 평원 전투를 벌였다. 이 전투에서 서고트족의 왕 테오도리크 1세가 목숨을 잃었지만, 아틸라는 결국 후퇴했고 곧이어 갈리아 지방에서 물러났다. 이 싸움은 아틸라의 처음이자 마지막 패배였다.

452년에 아틸라는 다시 서로마에 호노리아와의 결혼을 요구하는 동시에 로마 제국의 핵심인 이탈리아 본토를 침입하기 위해 알프스 산을 넘어 군대를 보냈다. 훈족의 군대는 여러 도시들을 파괴했다. 겁에 질린 발렌티니아누스 3세는 라벤나에서 옛 수도 로마로 도망갔고 아이티우스만이 북부에 남아 목숨을 걸고 방어했다. 훈족의 군대가 이탈리아 북부의 포 강에서 진군을 멈췄을 때 아틸라는 교황 레오 1세와 집정관 아비에누스, 로마총독 트리게티우스 등 당시 서로마에서 가장 높은 지위를 지닌 인물들로 구성된 사절단의 접견을 받았다. 아틸라는 사절단의 협상을 받아들여 군대를 철수시켰다. 아틸라의 급작스러운 철수에 대해서는 연구자들 간에도 의견이 분분한데, 당시 아틸라의 군대가 군량 부족 또는 역병 때문에 어려움을 겪고 있었다는 주장이 가장 신빙성이 높다.

아틸라의 철수와 관련해 기독교와 관련된 전설도 있다. 레오 1세가 아틸라를 감화시켜 로마에 대한 공격을 멈추게 했을 뿐만 아니라 기독교에 귀의하도록 만들었다는 것이다. 또 성 바오로와 성 베드로가 아틸라 앞에 모습을 드러내 만약 교황의 요구를 받아들이지 않으면 즉시 죽임을 당할 것이라는 하느님의 말씀을 전했다고 한다.

453년 새로 동로마 제국의 황제가 된 마르키아누스가 훈족에게 매년 바치던 공납을 거부하자 아틸라는 동로마 제국에 대한 공격을 계획했다. 하지만 호노리아 대신 게르만 제후의 딸 일디코와 결혼한 아틸라는 신혼 첫날밤에 코피가 터져 기도가 막히는 바람에 질식사하고 말았다. 이는 아틸라가 과음을 했기 때문으로 추정된다. "내가 지나간 곳에서는 새로운 풀이 자라지 않으리라"고 말했던 정복자는 허무하게 죽고 말았다. 장례식에서 훈족의 용사들은 칼로 자신의 얼굴을 그어 상처를 낸 뒤에 그 피를 아틸라의 무덤 위에 흩뿌리고(훈족의 용사는 용사의 선혈로만 추모할 수 있다) 약탈한 금은보석을 함께 묻었다. 아틸라의 무덤을 만들었던 포로들과 위치를 알고 있는 사람들은 모두 잔혹하게 살해당했기 때문에 오늘날까지도 그의 무덤이 어디인지를 아는 사람은 없다.

아틸라가 죽자 훈 제국에서는 내분이 일어났고 결국 강대한 제국은 급속하게 분열됐다. 이 기회를 틈타 게르만족이 카르파티아 산맥 동쪽으로 돌아 들어왔다. 461년 아틸라의 어린 아들인 덴기지크가 패권을 재정립하려고 힘썼으나 불행하게도 동로마 제국과의 교전 중에 죽고 말았다. 이것이 유럽의 역사서가 기록하는 훈족의 마지막 모습이다. 다시 수백 년의 시간이 흐른 뒤인 896년에 아틸라의 자손 아르파드가 훈 제국의 중심이었던 지역에 헝가리를 세웠다. 헝가리는 바로 '훈의 땅'이라는 뜻이다. 하지만 최근 들어 많은 연구자들이 이러한 주장에 반대한다.

453년에 아틸라가 죽은 뒤부터 훈 제국은 급속히 와해됐는데 유럽인들이 이때부터 동쪽에서 온 여러 유목민들을 모두 훈족으로 부르기 시작했다는 것이다. 하지만 진정한 훈족의 행적은 묘연하다. 유일한 증거라고는 고작해야 7세기 후반 발칸 반도로 들어온 불가족(불가리아인의 조상 가운데 하나—옮긴이)이 훈족의 요소를 갖고 있을지도 모른다는 사실뿐이다. 헝가리인은 스스로를 마자르족의 후예라 부르는데, 마자르족이 9세기 후반에 유럽대륙에 등장했을 때는 훈족이 역사에서 사라진 지 400년이나 지난 뒤였다. 일부 역사학자들은 헝가리인을 훈족이라 부르는 것은 말도 안 되며 두 민족 간에 직접적인 관계가 있다는 사실을 증명할 어떤 사료도 발견할 수 없다고 주장한다. 학계에서 유일하게 인정받고 있는 건 마자르족의 조상은 유럽인이 아니라 아시아 초원에서 기원했다는 사실뿐이다. 오늘날까지도 훈족은 미스터리로 남아 있다.

혁 명 의   나 팔 수   페 퇴 피

자유와 사랑,

이 두 가지가 내게는 꼭 필요하네.

사랑을 위해 내 삶을 바치네.

자유를 위해 내 사랑도 바치리라.

전 세계적으로 널리 암송되는 이 시구詩句를 들으면 이 시를 쓴 헝가리의
시인 샨도르 페퇴피를 자연스럽게 떠올리게 된다. 헝가리 문학에서 페퇴피
는 독특한 지위를 차지한다. 그는 헝가리 민족문학의 주춧돌을 쌓고 계몽운
동 문학의 전통을 계승·발전시켜 "노예의 선혈이 스며든 비옥한 흑토에서
생장한 '한 떨기 가시 돋친 장미'"로 불렸다. 특히 페퇴피의 시에서 드러나

173

는 짙은 애국심은 사람들을 감동시킨다. 그는 자신의 생명과 작품으로 자유와 해방에 관한 나팔을 불었다.

설령 세계가 나에게 보물과 영예를 준다고 해도
나는 조국을 떠나지 않으리.
설령 조국이 치욕 속에 있다 할지라도
나는 조국을 열렬히 사랑하며 축복하리니!

1823년 1월 1일, 페퇴피는 오스트리아 제국이 다스리던 헝가리의 도나우 강변의 작은 마을에서 태어났다. 아버지는 가난한 슬라브족 도축업자였고 어머니는 마자르족 농노로 가정환경은 사회 최하층이었다. 당시 헝가리는 오스트리아 제국의 통치를 받고 있었고, 자유를 쟁취하려는 헝가리 민족의 봉기와 투쟁이 끊이지 않았다. 헝가리 민족이 독립을 쟁취하기 위해 투쟁한 이야기는 페퇴피의 어린 마음에 깊은 인상을 남겼다.

열두 살이던 1835년에야 겨우 학교에 입학할 수 있었던 페퇴피는 이후 3년 동안 정규수업을 들으며 자신의 문학적 재능을 드러내기 시작했다. 헝가리 지식인과 학생 들로 이루어진 서클에 참여해 프랑스혁명을 연구하고, 헝가리의 고전 작품을 읽으며 작가의 꿈을 키웠다. 1838년에는 처녀작인 풍자시 「고별」을 발표했다. 이 시는 헝가리 고전 시의 전통을 계승·발전시킨 동시에 페퇴피가 추구하던 '시언어의 대중화'라는 특징을 드러냈다. 당시 귀족 출신 문학가들은 농민들의 언어는 오직 저급한 감성만을 표현할 수 있다고 여겼는데, 페퇴피는 자신의 시를 통해 이러한 편견에 일침을 가했다. 페퇴피는 민중의 시만이 진정한 시라고 생각했다. 그는 대자연의 아름다움을 높이

1 헝가리의 위대한 시인이자 혁명가였던 샨도르 페퇴피가 살았던 집이다.
페퇴피는 헝가리 민중의 언어로 아름다운 시를 창작했다.
2 부다페스트에서는 젊은 시절 안타깝게
세상을 떠난 페퇴피의 흔적을 곳곳에서 발견할 수 있다

175

찬미하고 초원의 양치기와 도나우 강변의 어부, 들판에서 일하는 젊은이를 찬양했다. 그의 정제된 민중 언어와 민요 형식은 헝가리 민중의 뜨거운 사랑을 받았다.

1844년에 페퇴피는 고향을 떠나 수도 페스트에 머물면서 문학지 『페슈티 디보틀로프』의 부편집장이 되었다. 그리고 시인 미하이 뵈뢰슈모르티의 지원을 받아 시집 『베르셰크』와 『야노슈 비테즈』, 산문 『여행기』를 출간해 헝가리 문학계에서 확고한 위치를 다졌고, 독일의 시인 하인리히 하이네로부터 높은 평가를 받았다. 몇 권의 작품집이 출판되자 부르주아 문학가들은 "농민의 거칠고 저속한 언어를 시의 신성한 궁전으로 끌어들였다"며 그의 시를 "비천한 인간의 노래"라고 공격했다. 하지만 페퇴피는 흔들리지 않고 자신의 창작 스타일을 고수했고, 동시에 프랑스혁명사를 연구하고 셰익스피어의 희곡과 하이네의 시를 번역했다. 그의 시 가운데 「곡식이 익었네」, 「나무 위의 앵두 수천만 개」, 「나는 부엌에 들어간다」, 「저녁」 등의 50여 편은 리스트를 비롯한 여러 작곡가들이 곡을 붙여 헝가리의 민요로 자리 잡았다.

1846년에 페퇴피는 담담한 애수 속으로 빠져들었다. 연시連詩 「구름」 가운데 「희망의 노래」, 「광인」, 「대지여, 너는 무엇을 먹는가?」에서 그런 정서를 엿볼 수 있다. 프랑스혁명의 영향 속에서 민족 해방의 열매를 얻지 못한 데 대한 곤혹감의 반영으로 추측된다. 하지만 페퇴피는 다시 분발했다. 헤겔의 좌파 철학사상의 영향을 받아 군주제에 반대하고, 철저한 부르주아 민주혁명을 주장했다. 아울러 적극적으로 정치활동에 가담하기 시작해 헝가리 최초의 작가단체를 조직하고, 많은 정치 서정시를 창작해서 봉건제도와 군주제를 비판했다.

「왕에 반대하며」, 「귀족」, 「헝가리의 귀족」, 「올가미」 등이 이에 속한다. 또한 진보 작가들을 단결시켜 문예 간행물인 『엘렛케페크』를 편집하고, 부르주아와 봉건 복고파 작가들에 대해 투쟁했다. 정치 서정시 「민족의 노래」, 「한 생각이 나를 괴롭히네」 등은 굴레를 벗고 일어나 전제주의를 타파하자는 내용을 담았다.

1846년 9월, 스물세 살이었던 페퇴피는 무도회에서 백작의 딸인 율리아 센드레이를 만났다. 가늘고 호리호리한 몸매에 푸른색 눈동자를 가진 아름다운 아가씨는 젊은 시인의 마음을 단숨에 흔들어놓았다. 하지만 막대한 영토를 가진 백작이 어떻게 자신의 딸을 페퇴피처럼 가난한 시인에게 준단 말인가? 하지만 페퇴피는 그녀에 대한 감정을 억누를 수 없었다. 그는 반년 동안 「율리아에게」, 「나는 사랑을 품은 사람」, 「당신은 봄을 사랑합니다」, 「처량한 가을 바람이 숲에서 속삭이네」, 「내게 스무 번의 키스를 해주세요」 등 널리 사람들의 사랑을 받은 연애시를 썼다. 바로 이 시들 때문에 어린 율리아는 아버지와 가족들의 반대를 무릅쓰고 페퇴피와 결혼했다. 또한 이 시기에 페퇴피는 시에 직접 시사時事를 다뤄 「19세기의 시」와 「민족의 노래」에서 시대의 소리를 토로했다. 아울러 역사상의 농민 봉기를 묘사하고, 고대 로마의 노예 반란 지도자인 스파르타쿠스를 찬양했다.

이때 유럽대륙은 격렬한 혁명의 물결에 휩말리고 있었고 헝가리에서도 민중 시위가 거세게 일어나기 시작했다. 페퇴피는 신혼의 행복과 함께 조국의 운명에 대한 걱정에 휩싸였다. 그는 평범하게 가정생활에만 빠져 살고 싶지는 않았다. 그리하여 「자유와 사랑」이 탄생했다.

자유와 사랑,

이 두 가지가 내게는 꼭 필요하네.

사랑을 위해 내 삶을 바치네.

자유를 위해 내 사랑도 바치리라.

이는 시인이 혁명의 길을 걷겠다는 상징이자, 조국의 혁명을 위해 매진하겠다는 맹세다.

1848년 봄, 오스트리아 통치하의 헝가리는 민족과 계급 모순이 폭발 직전에 이른 상태였다. 조국과 민중이 침략과 노역에 신음하는 모습을 목격한 페퇴피는 분노에 차 격렬히 목소리를 드높였다. "우리는 대대로 노예로 살아야 하는가? 우리에게는 영원히 자유와 평등은 없단 말인가?" 그는 펜을 무기 삼아 일련의 간결한 시들을 지어, 헝가리 민중이 혁명의 길로 나아가도록 격려하는 나팔로 삼았다.

1848년에 프랑스, 이탈리아, 오스트리아 등에서 연이어 혁명이 발발했다. 3월 14일, 페퇴피를 비롯한 봉기 지도자들은 페스트의 한 카페에 모여 시위에 관해 의논하고 '12개 조항'을 만들었다. 이날 저녁 페퇴피는 시위에 사용할 「민족의 노래」를 썼다.

헝가리인들이여, 일어나라. 너의 조국이 부른다.

지금이 바로 그때다. 지금 일어서지 않으면 기회는 두 번 다시 찾아오지 않는다.

이대로 노예로 살 것인가, 아니면 자유인이 될 것인가?

이것이 나의 질문이니, 그대들이여 선택하라.

3월 15일 새벽, 세계를 놀라게 한 헝가리 3월혁명이 시작되었다. 민족박물관 앞에 모인 1만여 명의 시위자들 앞에서 페퇴피는 「민족의 노래」를 낭독했

다. 우레와 같은 시위대의 외침이 금세 부다페스트를 점령했고, 부다페스트
는 유럽 혁명의 중심이 되었다. 1849년 4월, 헝가리 의회는 독립 선언을 통
과시키고 공화국을 세웠다. 헝가리는 법률적으로나 실질적으로나 완전히 봉
건의무를 떨쳐버린 유일한 나라가 되었다.

부다페스트의 시위로 헝가리를 포기했던 오스트리아의 황제는 제정러시
아의 니콜라스 1세와 규합해서 러시아-오스트리아 연합군 34만 명을 인구
500만 명인 헝가리로 보냈다. 일촉즉발의 상황에 페퇴피는 당시 트란실바니
아 군대의 사령관이었던 요제프 벰 장군에게 편지를 보냈다. "제가 장군과
함께 전쟁터로 갈 수 있게 해주십시오. 물론 저는 펜으로 조국을 위해 힘쓰
겠습니다……." 전쟁의 불길이 흩날리던 1848년에 페퇴피는 무려 106편에
달하는 서정시를 썼다.

1849년 1월, 페퇴피는 벰 장군의 부관으로 직접 무기를 들고 반反러시아-
오스트리아 연합군 전투에 참가했다. 뚜렷한 열세에도 불구하고 헝가리 혁
명군은 마지막 순간까지 전투를 멈추지 않았다. 1849년 7월 31일 아침, 벰
장군은 전투가 가능한 300여 명의 인원으로 기병대를 구성해 세계슈바르에
서 결전을 벌이기로 결정했다. 벰 장군은 떠나기 전에 페퇴피에게 남아 있으
라고 당부했지만, 페퇴피는 명령을 거역하고 기병대의 뒤를 쫓아갔다.

용감한 헝가리 전사들은 몇 배나 많은 적군들과 목숨을 건 전투를 벌였다.
제정러시아의 코사크 기병 두 명이 빼빼 마른 페퇴피를 앞뒤로 에워쌌다. 페
퇴피는 처음에는 자신을 향해 무서운 기세로 날아오는 칼을 용케 피했지만,
결국 날카로운 긴 창에 가슴을 찔려 쓰러지고 말았다. 페퇴피는 고작 스물여
섯 살에 짧은 생을 마쳤다. 하지만 그는 800여 편의 서정시와 8편의 장편 서
사시, 80여 만 자의 소설과 정론政論, 희극, 여행기 등을 남겼는데, 이처럼 짧

은 시간에 다작을 한 작가는 유럽에서 보기 드물다.

헝가리 민중의 투쟁이 수그러들자 1867년에 오스트리아는 헝가리와 '대타협'을 맺어, 오스트리아 황제를 통일원수로 내세운 이원화된 정치체제를 세우고 국명을 오스트리아-헝가리 제국으로 바꿨다.

오늘날 헝가리는 3월 15일을 국경일로 지정해 1848년의 혁명과 자유전쟁을 기념하고 있다. 매년 이날이 되면 부다페스트에서는 거리 골목마다 빨강, 하양, 초록의 삼색 국기가 내걸리고, 시민들은 자발적으로 여러 곳의 기념장소에 모인다. 또 시민들은 가슴에 헝가리 민족을 상징하는 빨강, 하양, 초록의 삼색 리본으로 만든 꽃 모양 장식물을 달고, 아이들에게 애국심을 가르친다. 페스트의 중심, 도나우 강변에 위치한 페퇴피 동상도 많은 기념식이 열리는 장소다. 페퇴피라는 민족의 거인은 아직도 헝가리 민족의 곁을 떠나지 않고 있다.

헝가리 독립의 상징 코슈트

페퇴피를 추억할 때 항상 같이 떠오르는 사람이 바로 러요시 코슈트다. 코슈트는 1848~1849년의 헝가리혁명에서 가장 활발히 활동했던 인물로 헝가리 민족해방운동의 탁월한 지도자였다.

코슈트는 1802년 9월 19일, 헝가리 동북부 모노크 시의 귀족 집안에서 태어났다. 샤로슈포토크대학에서 공부했고, 1823년에 변호사 자격을 취득했다. 1832년에는 포조니(지금의 브라티슬라바) 대표로 의회에 진출하면서 정계에 발을 들여놓았다. 1847년 가을에는 페스트 주의 대표로 선출되어 1847~1848년 의회에 참여했고, 반대파의 정식 강령인 「반대파 선언」을 작성하기도 했다. 이때 코슈트는 이미 헝가리 정치무대에서 부르주아 민주파의 지도자로 유명했다.

1848년 코슈트는 헝가리 대표단을 이끌고 빈에 가서 오스트리아 황제를 만났다. 국내에서 혁명의 압력이 거세지자 오스트리아 황제는 어쩔 수 없이 헝가리 책임내각을 구성하는 데 동의하고 코슈트를 재무장관으로 임명했다. 하지만 혁명의 기세가 차츰 수그러들자 오스트리아 황제는 무력으로 헝가리를 정복하기로 결정했다. 강대한 적을 마주한 코슈트는 의회에서 격앙된 어조로 자신의 의견을 피력했다. "위대한 헝가리 민족을 위해 제 삶과 영혼을 다 바칠 것입니다!"

1848년 9월, 옐라치치 요시프를 앞세운 4만 명의 오스트리아군이 대거 헝가리로 밀려 들어왔다. 헝가리의 일부 귀족 장교들이 전쟁 시작부터 하나둘씩 퇴각하자 헝가리 정부는 사임할 수밖에 없었다.

위기의 순간에 코슈트는 임시 권한을 가진 의회에서 국민방위위원회 의장으로 임명되었다. 그는 대항군을 조직해 9월 29일에 오스트리아 군대를 패배시켰다. 12월에 오스트리아 황제가 다시 잘 무장한 오스트리아군 5만 명을 동원해 헝가리를 공격했다. 부다페스트는 순식간에 오스트리아 군대에

1848년 헝가리 혁명　1848년 혁명 이전까지만 해도 헝가리는 오스트리아 합스부르크 왕가의 통치 아래 있었다. 1848년 3월 15일, 페스트의 혁명가들이 페퇴피의 지도 아래 부르주아 개혁의 정치강령인 '12개 조항'의 시행을 통과시키고 시장에게 서명을 강요했다. 정오가 되자 혁명 군중들은 수도 전체를 장악하고 공안위원회를 조직했다. 결국 오스트리아 황제는 헝가리에서 내각책임제를 채택하는 데 동의했고, 3월 17일, 러요시 코슈트에게 내각 구성 권한을 위임했다. 하지만 그해 12월에 오스트리아 황제는 군대를 모아 헝가리로 쳐들어왔고 1849년 1월 5일에 페스트를 함락했다. 이에 헝가리 군대가 반격을 시작해 연이어 승리를 거두었고, 4월 14일에 헝가리 의회는 독립 선언을 통과시켰다. 5월 21일에 헝가리 군대가 페스트를 점령했지만, 5월 27일 러시아가 14만 대군을 보내 헝가리 혁명을 진압했다. 헝가리 혁명의 실패는 1848년에 일어난 유럽 혁명의 끝을 알리는 것이었다.

러요시 코슈트는 죽은 뒤에
헝가리 민중의 우상이 되었고,
그의 이름은 헝가리인들의 독립을 향한
열망의 상징이 되었다.

점령당했고, 헝가리 귀족들 대다수가 조국을 배반하고 관직에서 물러났다.
그러나 코슈트는 변함없이 민중과 함께 전투에 참가해 오스트리아의 주력
부대를 격침시키고 부다페스트를 되찾았다.

하지만 오스트리아와 러시아가 연합해서 다시 헝가리를 공격하자 결국 수
적인 열세를 견디지 못하고 패배하고 말았다. 1849년 8월, 코슈트는 사임 성
명에서 다음과 같이 말했다. "만약 저의 죽음이 조국에 이익을 가져온다면
기꺼이 제 생명을 내놓을 것입니다."

헝가리 혁명이 실패로 돌아간 뒤에 코슈트는 오스만 제국으로 피신했고,
오스트리아 정부는 결석재판에서 그에게 사형을 선고했다. 이후 코슈트는
영국으로 갔고, 다시 이탈리아 토리노로 이주해서 1859년 이탈리아 통일운

동 당시에는 이곳에서 헝가리군을 조직해 오스트리아와 싸웠다. 1867년에 그는 오스트리아-헝가리의 이원 제국에 강력히 반대했다. 그러나 투쟁은 헛되이 끝났고 1894년 3월 20일에 이탈리아에서 죽고 말았다. 하지만 코슈트는 죽은 뒤에 헝가리 대중의 우상이 되었다. 헝가리 민중은 민족의 영웅에 대한 그리움과 존경을 표현하기 위해 부다페스트를 비롯한 여러 도시에 코슈트의 동상을 세웠고 전국적으로 그의 이름을 딴 광장과 거리도 많다.

헝가리의 자랑 프란츠 폰 리스트는 어릴 때부터 명성을 얻어 성공 가도를 달렸고, 수많은 귀부인의 사랑을 받으며 부귀영화를 누리다가 수도원에 들어가 성직자로 살았다. 그는 항상 해외를 떠돌아다녔지만, 조국에 '부다페스트 리스트 국립음악원'이라는 큰 선물을 남겼다.

왈츠와 슈트라우스 가족, 교향곡과 베토벤이 혼연일체인 것처럼 피아노곡 「헝가리 광시곡」과 리스트는 떼려야 뗄 수 없는 밀접한 관계다. 열아홉 곡으로 이루어진 피아노 연주곡 「헝가리 광시곡」은 리스트의 피아노 작품 중에서 특히 중요하다. 피아노의 음악적 표현력을 충분히 발휘했을 뿐만 아니라 광시곡, 즉 랩소디라는 음악 장르의 작곡에 뛰어난 본보기가 됐기 때문이다. 헝가리와 집시 민요, 민간 춤곡의 기초에 예술적 가공을 해서 발전시킨 「헝가리 광시곡」은 선명한 민족적 색채를 지녔다. 그래서 헝가리 사람들에게 리스트라는 이름은 매우 익숙하다.

헝가리의 자랑인 리스트는 젊은 시절 뛰어난 외모와
탁월한 피아노 연주 솜씨로 귀부인들의 사랑을 한 몸에 받았다.

천재적인 작곡가이자 피아니스트, 지휘자, 음악가인 리스트는 1811년 헝
가리 서부의 도보르얀(오늘날 오스트리아의 라이딩—옮긴이) 마을에서 태어났다.
아버지는 에스테르하지 공작의 집사이자 탁월한 음악가였다. 여섯 살이었던
어느 날 피아노 협주곡을 연주하는 아버지 곁으로 간 리스트는 마지막 악장
을 다시 쳐달라고 부탁했다. 아버지가 "너는 커서 어떤 사람이 되고 싶니, 얘
야?"라고 묻자, 리스트는 베토벤의 초상화를 가리키며 말했다. "저 사람이
요." 아버지는 다음날부터 그에게 피아노를 가르치기 시작했다. 리스트는 진
도가 무척 빨라 아홉 살 때부터 귀족들의 파티에서 피아노를 연주했다. 그는
뛰어난 연주 솜씨로 귀족들을 매료시켜 금세 6년 치 학비를 벌었다. 그러자
아버지는 가족을 데리고 빈으로 이사를 갔고, 이곳에서 그는 유명한 피아니
스트인 카를 체르니와 안토니오 살리에리를 스승으로 삼았다. 열세 살에는
파리에서 피아노 연주회를 열어 '모차르트의 환생'으로 불렸다. 리스트의 연
주를 들은 베토벤이 그의 천재적인 기교에 칭찬을 아끼지 않고 직접 무대 위

로 올라와 이마에 키스를 해주었다는 일화는 매우 유명하다.

1831년 이탈리아의 바이올리니스트 니콜로 파가니니의 연주를 들은 리스트는 깊이 감동해서 '피아노의 파가니니'가 되기로 결심했다. 이때부터 그는 다른 피아니스트의 연주에서 장점만을 흡수해 각고의 노력을 기울인 끝에 마침내 자신만의 학파를 형성했다. 1834년에는 리옹 노동자들의 시위를 표현한 피아노곡 「리옹」을 작곡했다. 1835년부터 1836년까지는 스위스 제네바에 머물렀고, 1837년에는 이탈리아를 여행하면서 민요의 멜로디를 이용해서 현지의 풍경을 묘사한 피아노곡 「여행자의 앨범」을 작곡했다. 1839년부터는 유럽 여러 나라로 연주여행을 떠났다. 이와 동시에 리스트는 커다란 애국의 열정에 휩싸여 「헝가리 영웅 행진곡」과 「헝가리 폭풍 행진곡」, 「헝가리 광시곡 제1번」, 「헝가리 광시곡 제2번」을 쓰고, 민요집 『헝가리 민요 메들리』를 편집했다. 리스트의 작품에서 드러나는 진보적인 민주주의 정신은 크게는 헝가리의 민족해방운동과 관련이 있다. 1848년 리스트는 장기간의 연주여행을 끝내고 독일 바이마르에 머물면서 창작에 전념했다. 그는 차츰 관현악의 작곡 기교를 터득하는 동시에 표제를 가진 단악장의 관현악곡인 교향시를 창안해서 「타소, 비탄과 승리」, 「전주곡」, 「마제파」 등 총 13부의 교향시를 작곡했다.

리스트는 정기적으로 헝가리에 가서 부다페스트 국립음악원을 세우고 원장직을 맡았다. 음악 평론가로서 여러 편의 음악 평론을 쓰기도 했다. 그러나 1860년 한 신문으로부터 신랄한 공격을 받자 1861년에 원장직을 사임하고 이탈리아 로마로 갔다. 이때부터 리스트는 의기소침해져 종교에 의존하면서 1866년에 대형 오라토리오(17~18세기에 가장 성행했던 대규모의 종교적 극음악—옮긴이) 「그리스도」를 완성했다. 리스트의 말년은 고독했는데, 이로 인해 작품 내용과 스타일에도 변화가 일어나 창작열이 왕성하던 때처럼 중대한 사회문제를 반영한 작품은 쓰지 않았다. 1886년 7월 하순, 바이로이트에서 열린 바그너 음악제에 참석했던 리스트는 폐렴에 걸려 7월 31일에 세상을 떠났고 이곳에 안장되었다.

리스트의 피아노 연주와 피아노 작품은 서양 음악사에서 굉장히 중요한 위치를 차지한다. 어려서부터 체계적이고 엄격한 훈련을 받은 리스트는 선배들의 경험을 흡수하는 동시에 자신이 터득한 기교를 결합해서 대담한 연주 스타일을 완성했다. 예컨대 빠른 음역의 변화, 밀집화음과 옥타브 패시지(독주 기악곡에서 선율음의 사이를 높거나 낮은 방향으로 급하게 진행하는 부분으로, 곡의 주요부를 이어나가는 데 사용한다—옮긴이), 넓은 도약, 아르페지오(펼침화음) 음형, 화려한 카덴차(악장이 끝날 무렵 등장하는 독주 악기의 기교적인 부분—옮긴이) 스타일, 레치타티보(독백) 스타일, 엄지손가락 선율(중간 음역에서 반주) 등이 있다. 그는 피아노를 악단에 사용해서 열정적이고 시적이면서 화려하고 자유분방한 스타일을 형성해 피아노 독주회와 반주 연주의 선례를 열었다. 멘델스존은 이렇게 말했다. "그의 연주는 분명 비교할 대상이 없다. 나는 리스트처럼 순간적으로 음악의 느낌을 전하는 연주가를 본 적이 없다. 음감의 민첩함은 세상에 필적할 사람이 없을 정도다."

피아노 음악의 작곡에서 리스트는 다양한 스타일과 특징을 형성했다. 그중에서 「초절기교연습곡」은 높은 난이도의 기교와 분명한 이미지로, 「단테 교향곡」은 격정적이면서 시적인 느낌으로 다가온다. 그중에서도 가장 민족적 특색이 풍부한 작품이 바로 「헝가리 광시곡」이다.

리스트는 가장 먼저 헝가리 음악을 세계 수준으로 끌어올린 민족 음악가다. 헝가리인의 한 사람으로서 리스트는 조국에 큰 애정을 기울여 민족의 역사와 영웅, 민요의 멜로디와 리듬을 자신의 작품 속에 생동감 있게 반영하고 운용했다. 그래서 그는 헝가리의 위대한 민족 예술가로 존경받고 있다. 나아가 동유럽과 북유럽, 러시아의 청년 작곡가를 적극 발굴하고 격려함으로써 유럽 민족음악파의 발전에도 커다란 영향을 끼쳤다.

리스트의 개인적인 삶에도 낭만적인 색채가 가득하다. 열일곱 살에 처음 파리에 온 리스트는 백작의 딸 카롤린 생크릭을 만났다. 두 사람은 서로 첫눈에 반했지만 백작의 반대로 헤어져야 했다. 1834년 마리 다구 백작부인을 만난 리스트는 다음 해 스위스의 제네바에서 동거하면서 세 명의 자녀를 키웠다. 그중에 코지마는 성인이 된 뒤 리스트가 가장 자랑스러워한 제자 한스 폰 뷜로와 결혼했다. 하지만 코지마는 어머니의 전철을 밟아 남편을 떠나 작곡가 빌헬름 리하르트 바그너의 품에 안겼다. 1847년 서른여섯 살이었던 리스트는 키예프에서 러시아의 비트겐슈타인 후작부인을 만나 1848년부터 알텐베르크 별장에서 동거에 들어갔다. 1859년 두 사람은 로마에 와서 쉰 살 생일 때 결혼식을 올리려고 준비했지만 결국 결혼은 이루어지지 않았다. 이후 리스트는 로마에 머물면서 신학을 연구하고 많은 종교음악을 작곡했다. 1866년에는 종교에 귀의해 교황에게 수도원장 칭호를 받았다.

리스트는 귀족을 증오하면서도 그들과 어울려 지냈다. 누구든지 자신에게 무례하게 대하면 바로 연주를 거절했기 때문에 평생 동안 많은 귀족들의 미움을 샀다. 그는 때로는 포용력이 넓었지만, 어느 순간에는 매우 오만했다. 평생 명성과 영예를 누렸으며, 고통스럽지만 진취적인 정신이 풍부한 창작의 길을 걸었다. 어려서부터 평생토록 연애가 끊이지 않았던 리스트는 속세를 떠나 종교에 귀의하겠다고 선언하고서도 말년이 되어서야 겨우 행동에 옮겼다. 그러나 교회의 말단 직책을 맡은 뒤에도 여전히 스캔들이 끊이지 않앉기 때문에 어떤 이는 그를 '종교의 옷을 입은 악마'라고 불렀다.

리스트가 사람들에게 준 첫인상은 이미 경지에 도달한 피아니스트였다. 여기서 더 나아가 리스트는 자신의 재능을 각종 음악과 관련한 일에 발휘했다. 그는 연주가일 뿐만 아니라 작곡가와 지휘자인 동시에 비평가이자 작가, 신부, 교사이자 스캔들 메이커였다. 그에 대한 평가가 어떻든 간에 이처럼 복잡하면서도 변화무쌍한 캐릭터인 리스트가 음악계에서는 매우 중요한 인물이라는 사실은 부인할 수 없다.

슬로베니아
크로아티아
루마니아
보스니아
-헤르체고비나
세르비아
몬테네그로
불가리아
마케도니아
터키
알바니아
그리스

5장 | 유럽의 화약고 발칸 반도

넓은 의미에서 본다면 발칸 반도는 터키, 루마니아, 세르비아, 몬테네그로, 그리스, 불가리아, 크로아티
아, 보스니아-헤르체고비나, 알바니아, 마케도니아, 슬로베니아 등의 국가를 포함한다. 하지만 터키는
전체 영토 가운데 3퍼센트만이 발칸 반도에 속하기 때문에 일반적으로 발칸 국가에 포함되지 않는다.
발칸 반도는 유럽과 아시아 두 개의 대륙을 잇는 곳에 위치하는데, 이곳은 유럽의 하복부에 해당하는 지
역으로 흑해와 지중해의 목구멍에 해당되기 때문에 전략적으로 매우 중요하다. 그런데 이곳의 민족 구성
원은 매우 복잡하고 종교가 다양해서 예로부터 '유럽의 화약고'라 불리고 있다.

발칸이란 지명은 19세기 초부터 사용되었는데, 터키어로 산맥이란 뜻을 갖고 있다.
오늘날 발칸이란 말은 종교 대립과 인종 갈등의 상징이 되고 있다.

유럽 내륙에서 푸른 빛의 음표를 연주하고 약간 피로해진 도나우 강은 발칸
반도에서 여러 나라를 차례로 만난 뒤에 마지막으로 흑해로 향한다. 오래전
부터 도나우 강은 발칸 반도를 지날 때 고요함을 느끼지 못한다. 이곳에서
크고 작은 분쟁이 끊이지 않고 계속되고 있기 때문이다. 오늘날에도 여전히
이 크지 않은 곳에서 민족 간의 충돌이 일어나고 있고, 배후에는 야심을 가
진 국가들이 굳건히 버티고 있다. 발칸 반도의 도나우 강은 여전히 아름답지
만, 이곳을 지날 때만은 탄식을 내뱉는다.

넓은 의미에서 본다면 발칸 반도는 터키, 루마니아, 세르비아, 몬테네그로, 그리스, 불가리아, 크로아티아, 보스니아-헤르체고비나, 알바니아, 마케도니아, 슬로베니아 등의 국가를 포함한다. 하지만 터키는 전체 영토 가운데 3퍼센트만이 발칸 반도에 속하기 때문에 일반적으로 발칸 국가에 포함되지 않는다. 발칸 반도는 유럽과 아시아 두 개의 대륙을 잇는 곳에 위치하는데, 이곳은 유럽의 하복부에 해당하는 지역으로 흑해와 지중해의 목구멍에 해당되기 때문에 전략적으로 매우 중요하다. 하지만 이곳의 민족 구성원은 매우 복잡하고 종교가 다양해서 예로부터 '유럽의 화약고'라 불리고 있다.

도나우 강 하류에 위치한 발칸 반도의 가장 큰 특징은 여러 민족이 뒤섞여 산다는 점이다. 각 민족들은 모두 서로 다른 역사와 문화를 갖고 있다. 예컨대 최남단의 알바니아라 하더라도 북부 산지 지역의 주민은 앵글인으로 알바니아어 가운데 앵글 방언을 구사하고, 남부 연해 지역의 주민은 토스카족으로 알바니아어 가운데 토스카 방언을 사용한다. 유럽 고대 문명의 요람으로 간주되는 그리스는 동방정교를 믿고 그리스어를 사용해서 예로부터 독자적인 세력을 형성했다. 루마니아인은 로마 제국의 영향을 많이 받았기 때문에 라틴 민족으로 분류된다. 발칸 반도에서 가장 큰 민족집단은 물론 유고슬라비아인이지만, 내부에는 심각한 민족 갈등이 존재한다. 과거 유고슬라비아 연방 시절에 국경 내에 무려 20개가 넘는 민족이 살았을 정도로 각 민족 간의 관계는 매우 복잡하다. 1992년 4월에 유고슬라비아가 해체된 뒤 발칸 반도의 민족관계는 더욱 복잡해지고 있다. 세르비아인은 유고슬라비아 영토뿐만 아니라 크로아티아와 보스니아 영토 내에도 흩어져 살면서 잇따라 크로아티아 내전(1991~1992)과 보스니아 내전(1992~1995)을 일으켰다. 오늘날 발칸 반도의 국가는 하루가 다르게 분열되어 작아지고 있고, 민족관계는 점점 더 복잡해져 지역 분쟁의 원인이 되고 있다.

이러한 현상의 근원을 역사적 맥락을 따라 되짚어보면 처음으로 되돌아가 이야기를 시작할 수밖에 없다. 때는 4세기, 한때를 풍미했던 로마 제국이 동로마와 서로마로 분열되었다. 얼마 지나지 않아 서로마는 게르만족에게 멸망당했고, 동로마 제국(비잔틴 제국)은 15세기에 오스만 제국에게 멸망당할 때까지 동유럽에서 커다란 세력을 떨쳤다. 동시에 기독교 역시 로마가톨릭과 동방정교로 나뉘었다. 동유럽 지역의 민족들은 차츰 자신들만의 문화를 형성하기 시작했다.

13세기에 소아시아에서 신속하게 일어난 오스만 제국은 끊임없이 외부로 세력을 확장했고 발칸 반도를 통해 곧장 중유럽 지역으로 돌진했다. 1389년 6월 28일, 오스만 제국의 군대가 코소보에서 완강히 저항하던 세르비아인과 보스니아인으로 구성된 연합군을 격파했고, 발칸 반도 대부분이 차례로 오스만 제국의 식민지로 전락했다. 오스만 제국이 침입하면서 이슬람교도 함께 이 지역에 유입되었다. 튀르크인은 슬라브인에게 이슬람교 개종을 강요하고 이미 이슬람교 신자가 된 알바니아인들을 코소보로 이주시켰다. 하지만 발칸 반도 서부의 크로아티아와 슬로베니아는 로마가톨릭을 받아들여 라틴 알파벳을 사용했고, 동쪽의 세르비아와 불가리아, 마케도니아는 동방정교를 받아들여 슬라브 알파벳을 사용했다. 이로써 발칸 반도 전체가 완전히 다른 두 개의 세계로 분리되었다. 그래서 자원이 풍부하지는 않지만 동·서양을 잇는 교통의 요지이자 전략적으로 매우 중요한 발칸 반도에서는 동·서로마 간의 분쟁과 로마가톨릭과 동방정교 간의 분쟁, 기독교와 이슬람교 간의 분쟁 등으로 하루도 평온할 날이 없었다.

19세기 이후 발칸 반도 전체에서 민족해방운동의 물결이 높게 일었지만 몰락한 오스만 제국은 속수무책이었다. 1830년에 그리스가 먼저 독립을 쟁취했다. 루마니아가 1877년 독립을 선언했고, 세르비아와 몬테네그로도 1878년 오스만 제국의 통치에서 벗어났다. 같은 해 불가리아 역시 자치를 얻었다. 하지만 독립을 쟁취한 지 얼마 지나지 않아 발칸 반도의 여러 나라는 다시 이 지역의 패자를 꿈꾸기 시작했고, 결국 일련의 전쟁이 일어났다. 근 백 년 동안 발칸 반도에서는 1912~1913년에 세르비아·몬테네그로·그리스·불가리아가 연합해 오스만 제국에 대항한 전쟁, 1913년에 세르비아·그리스·루마니아가 함께 불가리아에 반대한 전쟁, 제1차 세계대전, 1919~1923년에 발생한 그리스와 오스만 제국 간의 전쟁, 제2차 세계대전, 그리스 내전과 보스니아 전쟁 등 총 7번의 전쟁이 발생했다.

지중해 동부에 위치한 발칸 반도가 유럽에서 동양으로 갈 때 반드시 거쳐야 하는 길이라는 사실은 사태를 더욱 악화시켰다. 역사상 유럽의 강대국들은 모두 발칸 반도에 침을 흘렸고, 끊임없이 내부의 분쟁을 이용해서 충돌을 일으키고 기회를 틈타 세력을 넓히려고 했다. 그래서 발칸 반도는 오랫동안 여러 번 주변 강대국의 통치를 받았다. 14세기 말에 오스만 제국이 쳐들어왔고, 19세기 중엽에는 오스트리아-헝가리 제국이 서북부 지역을 통치하려 했다. 러시아는 15세기부터 줄곧 '슬라브인의 해방'을 명목 삼아 발칸 반도를 집어삼키려 했다. 이들 제국의 통치하에 발칸 반도 각 나라의 국민들은 오랫동안 민족 차별과 종교 탄압을 겪어야 했다. 그래서 민족 해방과 신앙에 대한 열망이 이 지역의 독립투쟁에서 항상 중추적인 역할을 담당했다. 하지만 복잡한 역사는 해결하기 힘든 여러 문제들을 남겼다.

러시아는 혈연적으로 가깝고 문화적으로도 비슷할 뿐만 아니라 지리적으로도 가까워서 줄곧 발칸 반도를 독점하려 했다. 17세기부터 19세기 말까지의 200여 년 동안 러시아는 9차례의 러시아-튀르크전쟁을 통해 끊임없이 오스만 제국의 세력을 약화시키고 발칸 반도에서 안정적인 위치를 얻으려고 노력했다. 19세기에 이르러 오스만 제국이 쇠락하자 유럽의 강대국들은 앞다투어 아직 오스만 제국이 통치하고 있던 발칸 반도를 쟁취하기 위해 경쟁했다. 나폴레옹은 대군을 동원해 아드리아 해의 발칸 반도 연안 지역으로 진입한 뒤에 이곳에 크로아티아 일부와 슬로베니아, 달마티아 등을 포함한 일리리아 성을 세우기 시작했다. 이에 질세라 러시아가 러시아-튀르크전쟁(1806~1812)을 일으켜 베사라비아를 점령했다. 그러자 발칸 반도에서 러시아 세력이 더 커지는 것을 막는 동시에 오스만 제국을 분할하기 위해 영국과 프랑스의 연합군이 크림전쟁을 일으켜 러시아를 격파했다.

이어 오랫동안 크로아티아와 슬로베니아를 점유하고 체코와 슬로바키아, 폴란드 일부를 통치했던 오스트리아-헝가리 제국도 러시아의 세력 확장을 견제했다. 1878년 베를린회의에서 오스트리아-헝가리 제국과 독일이 손을 잡고 '대*불가리아'를 수립하려던 러시아의 계획을 좌절시켰다. 1908년 오스트리아-헝가리 제국과 독일은 갑자기 보스니아를 점령해 긴장상태였던 러시아와 오스트리아의 관계를 다시 악화시켰다. 1912년 제1차 발칸전쟁과 1913년 제2차 발칸전쟁이 일어나자 강대국들은 혼란을 틈타 세력을 더욱 확대하기 위해 발칸 반도 내의 갈등을 더욱 심화시켰다. 결국 1914년 6월 28일에 세상을 뒤흔든 '사라예보 사건'이 일어나 제1차 세계대전의 도화선이 되었다.

제1차 세계대전으로 러시아와 오스트리아, 두 제국이 멸망하자 발칸 반도에서는 영국과 프랑스, 독일이 격렬히 투쟁했다. 여기에 전후에 발칸 반도에서 세력을 넓히려는 목적을 이루지 못해 늘 영국과 프랑스에 불만을 가지고 있던 이탈리아가 1939년 4월에 거침없이 알바니아를 점령했다. 제2차 세계대전이 발발하자 이탈리아는 발칸 반도에서 전쟁의 불씨를 한껏 키웠고 1940년 10월에는 그리스 침략을 감행했다. 1941년 4월에는 독일과 손을 잡고 유고슬라비아와 그리스를 점령했다. 이때 루마니아와 불가리아는 이미 독일과 이탈리아에 넘어간 상태로 발칸 반도 전체는 다시 추축국(제2차 세계대전 당시 독일·이탈리아·일본이 연합국에 대항해 형성한 동맹—옮긴이)의 천하가

러시아-튀르크전쟁(1787~1792)　1787년 9월 2일, 오스만 제국의 함대가 킨부른에서 순찰하던 러시아 함대를 습격했다가 알렉산드르 수보로프가 지휘하는 러시아 군대에 섬멸됐다. 1789년 8월에 러시아-오스트리아 연합군은 포크샤니(지금의 루마니아 폭샤니—옮긴이)를 빼앗았고, 얼마 뒤 림니크에서 다시 오스만 제국의 군대를 격파했다. 1790년 수보로프가 지휘하는 러시아군은 고전 끝에 오스만 제국의 전략적 요지인 이스마일 요새를 함락시켰다. 1791년 미하일 쿠투조프는 카프카시아 방향에서 오스만 제국을 격파했고, 우샤코프는 오스만 제국의 함대를 격파해 굴복시켰다. 1792년 1월, 러시아와 오스만 제국이 야시조약을 체결함으로써 러시아의 크림 반도 합병을 인정받았다.

되었다. 제2차 세계대전 말에 유고슬라비아와 그리스, 알바니아 민중이 반파쇼 투쟁에서 승리를 거두자, 발칸 반도를 통치하려던 영국의 윈스턴 처칠 수상은 다시 '발칸 계획'을 공표하고, 소련의 붉은 군대가 남동유럽으로 진입하는 것을 막으려 했다.

제2차 세계대전이 끝난 뒤에 그리스를 제외한 발칸 반도 각국은 모두 사회주의 노선을 걸었고 이후 발칸 반도는 표면적으로는 평화로운 시기를 보냈다. 그러나 1989년에 동유럽이 급변하면서 일련의 민족 갈등과 국가 해체, 유혈 충돌이 일어나면서 다시 흔들리기 시작했다. 오늘날 발칸 반도는 여전히 유럽의 화약고라는 악몽을 떨치지 못하고 있다.

도나우 강과 사바 강이 합류하는 지점에 아름다운 도시 베오그라드가 있다.

북쪽으로는 보이보디나 평원과 접하고, 남쪽으로는 오래된 산맥이 뻗어 있는 슈마디야('수목으로 뒤덮인 지역'이라는 뜻―옮긴이) 구릉과 접하고 있다. 베오그라드는 발칸 반도에서 수륙교통의 요지일 뿐만 아니라 중요한 전략적 의미를 지닌 곳이라서 '발칸의 열쇠'로 불린다.

베오그라드는 유럽 역사상 가장 오래된 도시 가운데 하나로 선사시대부터 사람이 살기 시작했다. 기원전 4세기에 켈트족이 요새와 도시를 건설했고, 기원전 1세기에 이곳을 점령한 로마 제국은 '수상요새'라는 뜻의 '싱기두눔'으로 불렀다. 비잔틴 제국의 영토가 되기 전에는 훈족과 고트족, 사르마트족에 점령당했고, 630년에 이르러서야 오늘날의 세르비아인이 살기 시작했다. 878년에 베오그라드라는 이름이 처음으로 역사 기록에 등장했다. 베오그라드라는 이름에는 전설이 있다. 옛날에 상인과 여행객 들이 배를 타고 가다 사바 강과 도나우 강이 만나는 지점에 도착했는데, 이때 갑자기 눈앞에 흰색 건물들이 펼쳐졌다. 그러자 모두들 "베오그라드!"라고 소리쳤다. 베오그라드는 세르비아어로 '하얀 도시' 또는 '흰색의 요새'라는 뜻이다.

중요한 지리적 위치 때문에 수많은 전술가들이 베오그라드를 노렸고 수백 년을 이민족 아래 있었을 뿐만 아니라 40여 차례나 심각한 파괴를 입었다. 베오그라드의 역사를 살펴보면 세계에서 이보다 더 많은 고난을 겪은 도시가 있을까 싶을 정도로 참혹하기 이를 데 없다. 제일 먼저 베오그라드를 통치한 세르비아인은 드라구틴 왕(1276~1282)으로, 그는 헝가리 왕에게 이곳을 선물로 받았다. 그러나 이때도 몇 번이나 헝가리에 점령당했고 엄청난 전쟁을 겪었다.

1453년 동로마 제국의 수도 콘스탄티노플을 함락시킨 스물네 살의 오스만 제국의 술탄 메메드 2세(또는 무하마드 2세)는 계속 동유럽으로 진격했는데, 그는 온 힘을 헝가리 왕국에 집중시켰다. 첫 번째 목표는 헝가리 왕국 동쪽의 요새 베오그라드였다. 당시 베오그라드를 지키고 있던 인물이 왈라키아 혈통의 헝가리 귀족 야노슈 후냐디였다. 그는 20년간 오스만 제국의 군인들과 많은 교류를 한 경험이 있는 뛰어난 장군이었다.

1455년 맹렬한 튀르크인들과 맞서기 위해 후냐디는 자신의 정적들과 공개 화해를 한 뒤에 전쟁을 준비했다. 그는 베오그라드 성에 가능한 한 많은 장비와 물자를 모아두고, 자신의 매부와 아들이 이끄는 부대를 남겨두었다. 대신 후냐디는 구원 부대를 모집하고 200여 척의 전함을 마련하려 했다. 그러나 귀족들은 후냐디의 세력이 커지는 것을 원하지 않았고 더욱이 오스만 제국 술탄의 위협이 무서웠기 때문에 지원에 나서는 데 소극적이었다. 그래서 후냐디는 홀로 위기를 극복해야 했는데, 다행히 성전聖戰을 주장하던 교회의

1
2

1 베오그라드는 도나우 강변에 위치한 아름다운 도시다.
하지만 중요한 지리적 위치 때문에 오랫동안 이민족의 지배를 받았고,
여러 차례 커다란 전쟁을 겪었다.
2 야노슈 후냐디는 1456년 오스만 제국의 침공을 물리치고 베오그라드를 지켜냈다.
이 승리 덕분에 이후 약 70년간 헝가리는 오스만 제국에게 정복당하지 않았다.

도움으로 장비는 허술하지만 열정으로 가득 찬 농민들을 모을 수 있었다. 그래도 후냐디의 병사는 약 2만 5,000명에서 3만 명밖에 되지 않았다.

1456년 6월 29일, 후냐디가 군대를 모으기도 전에 메메드 2세는 6만 명의 병사를 이끌고 베오그라드 성을 포위했다. 이때 성 안에는 약 6,000명밖에 없었다. 베오그라드 성의 수비병과 주민 들은 힘을 모아 강력하게 저항했지만, 수적으로도 열세였고 제대로 된 훈련도 받지 못한 농민이 대부분이었다. 결국 믿을 수 있는 거라고는 오스만 제국의 침입에 대비해서 아랍인들의 요새 설계 방식을 이용해 지은 베오그라드 성뿐이었다.

1456년 7월 14일, 전함을 이끌고 겹겹이 포위된 성에 도착한 후냐디는 오스만 제국의 해군과 맞서 3척의 대형 전함을 침몰시키고, 4척의 대형 전함과 20척의 소형 전함을 포획하는 성과를 거두었다. 7월 21일, 메메드 2세는 일몰을 시작으로 병력을 전부 동원해서 야간 총공세를 퍼부었다. 오스만 제국의 군대는 조수처럼 첫 번째 방어선을 돌파하고 성을 공격하기 시작했다. 상황이 긴박해지자 후냐디는 병사들에게 타르를 묻힌 나무와 불이 붙을 만한 것들을 아래로 던지라고 명령했다. 그리고 성벽에 불을 붙여 순식간에 성으로 돌격하는 오스만 제국 군대의 허리를 잘랐다. 오스만 제국의 병사들이 쓰러지기 시작했고 성 밖에서 공격하던 부대도 큰 타격을 입었다. 이 교전 중에 한 병사가 술탄의 깃발을 보루에 꽂으려는 오스만 제국의 병사와 함께 성벽에서 뛰어내렸다. 3년 뒤에 후냐디의 아들 마티야슈 1세는 뛰어내린 병사의 아들에게 귀족 신분을 내렸다.

오스만 제국 군대의 허를 찌를 것은 다음날 성 외곽에서 벌어진 농민군의 공격이었다. 겁에 질린 오스만 제국의 군대는 속속 철수하기 시작했다. 부상 당한 병사가 마차로 140대나 되었고, 교전 중에 중상을 입은 술탄이 음독자살을 하려 했다는 소문이 돌았다. 하지만 베오그라드 사람들도 승리를 위해 엄청난 대가를 치러야 했다. 군대 내에서 페스트가 발병해 3주 뒤에 후냐디가 사망한 것이다. 어쨌든 베오그라드에서 일어난 전쟁은 기독교의 운명을 구원했다. 이후 70년간 오스만 제국은 함부로 헝가리를 공격하지 않았고 유럽으로의 확장을 멈췄다.

재미있는 일은 성이 포위되었을 때 교황 칼릭투스 3세가 성을 수비하던 병사들을 축복하는 기도를 하기 위해 정오 무렵에 교회 종을 울리도록 했다. 그런데 곳곳에서 들려오는 승전 소식이 타종 명령보다 앞서 도착하는 바람에 정오 타종은 승리를 기념하는 종소리가 되었다. 정오 타종은 지금도 계속되고 있다.

1521년에 베오그라드 성은 결국 오스만 제국의 손에 떨어지고 말았다. 이후 베오그라드는 오스만 제국의 영토로 3세기를 보냈는데, 그사이에도 세르비아인들은 끊임없는 투쟁을 벌였고 끝내 베오그라드는 자유를 얻었다. 1804년 2월, 농민과 수공업자, 상인 들이 오스만 제국의 폭정을 견디다 못해 세르비아의 슈마티야에서 봉기를 일으켰다. 페트로비치 카라조르제가 이들을 이끌었는데, 1805년에는 회의를 소집하고 대표단을 조직해 콘스탄티노플로 파견했다. 대표단은 자치를 요구했지만 거절당했다. 1806년 8월, 봉기군은 오스만 제국의 군대를 대파하고 베오그라드를 포함한 넓은 지역을 차지했다. 이를 계기로 양측은 조약을 맺었고, 이에 따라 술탄은 세르비아의 자치권을 인정하고 철수하기로 했다. 하지만 1806년에 오스만 제국과 러시아 사이의 전쟁이 발발했고, 1807년 3월, 세르비아가 러시아와 동맹을 맺고 오스만 제국과 전쟁을 시작했기 때문에 조약은 실행되지 못했다. 1808년에는 새로운 세르비아 국가를 세우는 문제에 이견이 생기고 내부 분란이 일어나

1809년에 오스만 제국과 전쟁을 벌였다. 1812년 러시아와 오스만 제국 간의 부쿠레슈티조약으로 세르비아인들은 자치를 얻었다. 1813년 오스만 제국이 전면전을 일으켜 10월에 베오그라드를 점령하고 세르비아에 대한 통치권을 다시 회복했다. 카라조르제는 남은 부대를 이끌고 오스트리아-헝가리 제국으로 갔다.

세르비아의 첫 번째 해방운동이 실패하자 오스만 제국의 군대는 잔혹한 살육과 보복을 자행했고, 1815년 4월 세르비아는 다시 폭발했다. 밀로슈 오브레노비치의 주도로 일어난 2차 봉기에서 세르비아는 수개월 만에 다시 영토의 대부분을 회복했다. 같은 해 10월, 러시아의 간섭으로 오스만 제국은 오브레노비치와 '세르비아는 자치권과 왕을 선출한 권한을 가지며 오스만 제국에 연공을 바치고, 오스만 제국은 종주권과 베오그라드 등의 도시에 군대를 주둔할 권리를 보유한다'는 내용의 구두협약을 맺었다. 1817년 11월, 국민의회는 오브레노비치를 세르비아의 세습 왕으로 선출했다.

1878년에 완전한 자치권을 획득하면서 베오그라드는 세르비아의 수도가 되었고, 1882년에 세르비아는 왕국이 되었다. 이때 베오그라드는 발칸 반도의 중요한 도시이기는 했지만 규모는 작아 1900년에 인구가 7만 명도 되지 않았다. 그러나 전체 슬라브인 지역의 운명과 함께 베오그라드의 모습도 커다란 변화를 겪었다.

유고슬라비아는 남부 슬라브 민족을 의미한다. 5~6세기에 일부 슬라브인들이 발칸 반도로 이주해 지금의 세르비아, 크로아티아, 슬로베니아, 몬테네그로, 마케도니아 같은 슬라브 민족의 선조가 되었다. 9세기부터 크로아티아와 세르비아를 비롯한 일부 슬라브 민족 국가가 형성되었다.

1398년에 오스만 제국은 코소보에서 세르비아 군대를 이겨 500년 동안 발칸 반도를 지배했다. 1878년에 오랜 항쟁 끝에 세르비아와 헤르체고비나는 독립을 얻었지만, 당시 크로아티아와 슬로베니아는 오스트리아-헝가리 제국의 통치 아래 있었다. 1912년과 1913년의 두 차례 발칸전쟁으로 마케도니아가 오스만 제국의 족쇄에서 벗어났다. 발칸 반도는 슬라브 민족의 통일을 꿈꾸기 시작했는데, 특히 이미 독립을 쟁취한 세르비아는 더욱더 자신들을 중심으로 하는 슬라브 민족의 국가 건설을 소망했다.

제1차 세계대전 중에 세르비아는 연합국에 들어갔다. 전쟁이 끝난 뒤에 오스트리아-헝가리 제국이 붕괴했고, 크로아티아와 슬로베니아 등이 자결권을 얻었다. 이때 프랑스를 대표로 한 연합국이 독일을 견제하기 위해 발칸 반도에 강력한 슬라브 민족의 국가 건설을 주장했다. 1918년에 세르비아·크로아티아·슬로베니아는 '세르비아·크로아티아·슬로베니아 왕국'을 건설했다. 1919년 베르사유조약에서 이 왕국의 주권을 인정받고 국경을 확정함으로써 첫 번째 유고슬라비아가 생겨났다. 1929년에는 유고슬라비아 왕국으로 이름을 바꾸고 수도를 베오그라드로 정했다. 그러나 제2차 세계대전이 발발하면서 유고슬라비아는 또다시 전쟁의 소용돌이에 휘말렸다.

1941년 4월 6일, 독일이 유고슬라비아를 침략했다. 4월 17일, 왕국의 군대가 대패하자 페타르 왕은 런던으로 망명했고 첫 번째 유고슬라비아는 함락되었다. 요시프 티토가 주도하는 유고슬라비아 공산당은 무장봉기를 일으켜 결국 4년이라는 오랜 투쟁 끝에 나라를 되찾았다. 1943년 11월 29일, 보스니아-헤르체고비나의 야이체에서 유고슬라비아 국가해방위원회 회의를 열고 티토가 주도하는 임시 정부를 설립했다. 전쟁이 끝나자 티토를 수반으로 하는 연방공화국을 세우고 망명 정부의 권리를 박탈해 페타르 왕의 귀국을 금지시켰다.

1 2 3

1 페트로비치 카라조르제는 1804년 세르비아 민족해방운동의 지도자로 추대되어
  오스만 제국을 대파하고 베오그라드를 점령했다.
2 제2차 세계대전 중 유고슬라비아와 독일은 처절한 혈투를 벌였는데,
  사진은 독일군을 사로잡은 유고슬라비아 유격대의 모습이다.
3 뛰어난 혁명 지도자인 요시프 티토는 유고슬라비아 연방의 대통령으로서
  비동맹 중립정책을 펼쳐 국제무대에서 커다란 활약을 했다.

제2차 세계대전 중에 유고슬라비아 국민들은 4년 동안 총 170만 명이라는
엄청난 희생을 치렀다. 이는 유고슬라비아 인구의 11퍼센트나 되는 수치다.
1945년 11월 29일, 유고슬라비아 연방공화국이 정식으로 성립되었고, 1963
년 새 헌법에서 유고슬라비아 사회주의연방공화국으로 개명하고 티토를 종
신대통령으로 추대했다. 새로운 유고슬라비아는 민족 평등을 원칙으로 세르
비아, 크로아티아, 슬로베니아, 보스니아-헤르체고비나, 마케도니아, 몬테
네그로의 6개 자치공화국과 세르비아공화국에 속한 코소보와 보이보디나 2
개의 자치성으로 구성되었다. 이 기간 동안 베오그라드는 유고슬라비아의
수도로서 조국의 짧은 영광을 지켜봤다.
티토가 주도한 유고슬라비아는 국내에서는 사회주의 노동자 자치제도를
시행하고, 국제적으로는 비동맹 중립정책을 유지했다. 1970년대와 1980년
대에 유고슬라비아의 경제는 크게 성장했고 국민 수준도 동유럽 상위를 달

렸다. 티토가 제2차 세계대전 이후 정했던 비동맹 중립정책을 고수하면서 유고슬라비아는 국제무대에서 높은 위치를 차지했다. 그러나 이러한 영광도 잠시, 또다시 난관에 부딪혔다. 유고슬라비아의 각 민족들은 역사적으로 서로 다른 나라의 통치를 받았기 때문에 다양한 문화적 전통을 가지고 있었다. 예컨대 세르비아와 몬테네그로, 마케도니아는 동방정교를 믿었고, 크로아티아와 슬로베니아는 로마가톨릭을, 보스니아-헤르체고비나의 무슬림과 코소보의 알바니아인들은 이슬람을 신봉했다. 게다가 제국주의가 각 민족의 분쟁을 부추겨 많은 모순들이 잔재해 있었는데, 티토가 죽고 난 뒤에 점점 격화되었다. 특히 소련과 동유럽의 급격한 변화는 유고슬라비아에 큰 충격을 주었다.

1991년 프라뇨 투지만 대통령이 이끄는 크로아티아와 슬로베니아가 먼저 독립을 선언했다. 유고슬라비아의 민족 갈등은 날로 격화되었고 서유럽 국가들은 자국의 이익을 고려해 더 이상 유고슬라비아의 통일을 지지하지 않았다. 1991년 11월에 마케도니아가 독립을 선언했고, 1992년 4월에는 보스니아-헤르체고비나도 독립을 선언했다. 유고슬라비아에 남아 있던 세르비아와 몬테네그로 두 공화국은 1992년 유고슬라비아 연방공화국 성립을 선언했다. 이 공화국의 면적과 인구는 원래 유고슬라비아의 40퍼센트 정도여서

요시프 티토(1892~1980)　　전 유고슬라비아 대통령. 1892년 5월, 크로아티아의 한 빈민 농가에서 태어나 스무 살에 크로아티아 사회민주당에 가입했다. 1913년 전쟁에 나갔고, 1920년 귀국한 뒤에는 유고슬라비아 공산당에 가입하고 노동자들을 조직해 혁명 투쟁을 벌였다. 뒤에 당의 주요 지도자가 되었다. 제2차 세계대전 당시에는 '빨치산'이란 말의 원조가 된 저항군 파르티잔을 이끌고 영웅적인 전투를 벌여 세계적인 인물로 부상했다. 1943년 11월 원수元帥 칭호를 받았고, 1945년 11월 29일 유고슬라비아 연방공화국 성립을 선언했고, 1953년에 대통령으로 선출되었다. 재임 동안 비동맹 중립정책을 굳게 지켰다. 1980년 5월 4일, 여든일곱 살로 사망했다.

'작은 유고슬라비아' 또는 '제3의 유고슬로비아'로 불렸다. 그러나 새로운 나라가 만들어지자마자 민족 간의 전쟁이 끊이지 않아서 서방세계의 제재를 받는 어려움을 겪었다. 2003년 유고슬라비아 연방공화국은 다시 세르비아-몬테네그로로 이름을 바꾸었고, 이때부터 유고슬라비아라는 이름은 역사 무대에서 사라졌다. 하지만 오래전부터 이곳의 모든 역사적 순간을 지켜본 베오그라드는 앞으로 또 어떤 이야기가 펼쳐질지 기다리고 있다.

도나우 강의 지류인 사바 강은 경이로움으로 가득하다. 이 강에서 바로 영웅
의 도시 베오그라드가 세워졌고, 사바 강의 지류인 보스나 강은 발칸 반도의
역사적 도시 사라예보를 낳았다.

보스나 강 상류 계곡에 위치한 사라예보는 현재 보스니아-헤르체고비나
의 수도다. 1263년에 세워진 사라예보는 베오그라드만큼 오랜 역사를 가진
도시는 아니다. 당시 이곳은 튀르크인들의 통치 아래 있었고 '사라예'는 '술
탄의 궁전'이라는 뜻을 갖고 있다. 튀르크인들이 지배하던 500년 동안 사라
예보에는 수많은 이슬람 건축물이 세워졌고, 이들이 물러간 뒤에는 다시 많
은 기독교 건축물이 세워져 지금까지도 사라예보는 유럽의 전통적인 도시들
과는 다른 독특한 분위기를 자아내고 있다.

1914년 6월 28일 토요일, 오스트리아-헝가리 제국에 속한 보스니아의 수
도 사라예보는 경축행사로 들떠 있었다. 이날은 날씨가 유난히 맑아 모든 것

이 다 순조로워 보였다. 거리에는 오스트리아-헝가리 제국의 황위 계승자인 프란츠 페르디난트 대공 부부를 환영하는 인파로 가득했다. 화려한 예복을 입은 페르디난트 대공 부부는 자동차에서 사람들의 인사에 손을 흔들어 답례했다. 그런데 환영 인파 속에서 튀어나온 한 청년이 대공의 차를 향해 폭탄을 던졌다. 다행히 폭탄은 대공의 자동차에 맞고 튀어올라 뒤따르던 자동차 앞에서 폭발했다. 시청에서 열린 환영행사를 마치고 부상자를 위문하기 위해 병원으로 가던 대공 부부의 차량이 길모퉁이를 지날 무렵 운전사가 방향을 잘못 트는 바람에 잠시 차를 세웠다. 이때 갑자기 한 청년이 나타나 대공 부부를 향해 총 두 발을 쐈는데 한 발은 페르디난트 대공의 목에, 다른 한 발은 부인 조피의 복부에 맞았다. 몇 분 뒤에 대공 부부는 세상을 떠나고 말았다. 이것이 바로 유명한 사라예보 사건이다. 이 사건은 왜 발생한 것일까? 그 이유를 알려면 먼저 당시 발칸 반도의 상황을 살펴봐야 한다.

　오스트리아-헝가리 제국은 1867년 6월에 정식으로 성립되었다. 당시 광활한 영토를 가졌던 오스트리아-헝가리 제국은 유럽에서 러시아 다음으로 컸고, 프란츠 요제프 1세 시기를 거치면서 문화와 경제가 크게 발전해 유럽의 강대국으로 성장했다. 그러나 다민족으로 이루어진 만큼 제국 내에서는 줄곧 여러 민족이 정치적으로 첨예하게 대립하고 있었다. 19세기 초, 오스트리아-헝가리 제국에서는 체코인과 폴란드인, 이탈리아인, 슬라브인 들의 민족 자치투쟁이 최고조에 이르렀다. 초기에 오스트리아-헝가리 제국은 외교적으로 프랑스와 가깝게 지내면서 프로이센의 성장을 견제했고, 프로이센-프랑스전쟁 이후에는 점차 독일과 협력하면서 이탈리아와 러시아 등과 접촉했다. 1881년에 오스트리아-헝가리 제국은 발칸 반도에서 세력을 확장하면서 세르비아와 동맹을 맺어 자신들의 세력하에 넣었고, 1882년 5월에는 독

1914년 사라예보에서 울린 총성은
제1차 세계대전의 전주곡이 되었다.

일·이탈리아와 삼국동맹을 맺었다. 1908년에 오스트리아-헝가리 제국은
정식으로 보스니아-헤르체고비나를 합병했는데, 이로 인해 1912년과 1913
년의 1, 2차 발칸전쟁이 발발했다. 전쟁이 끝나면서 독립을 획득한 세르비아
는 날로 강성해져 오스트리아-헝가리 제국의 위협이 되었다. 결국 양측의
첨예한 대립 때문에 사라예보 사건이 발발한 것이다.

20세기에 들어오면서 유럽의 정세는 매우 복잡해졌고 각국의 이해관계가
서로 얽혀 조그만 일에도 커다란 사건이 터질 수 있었다. 1814년 나폴레옹전
쟁이 끝난 뒤 빈체제 아래 유럽에서는 기본적으로 여러 국가가 휘말린 전쟁
이 발생하지 않았기 때문에 오랫동안 평화를 유지했다. 하지만 19세기 유럽
에서 대규모 전쟁이 일어나지 않았던 근본 원인은 주요 강대국들이 서로 균
형을 유지했기 때문이다. 유럽의 강대국으로는 영국, 프랑스, 러시아, 오스
트리아, 독일 등을 꼽을 수 있다. 이들 다섯 나라 중 섬나라인 영국은 해외식
민지 개척에 열을 올리느라 유럽대륙에는 관심이 없었지만, 줄곧 스스로 유
럽의 대표 국가라 생각하던 프랑스는 유럽에서 최고가 되겠다는 야심을 갖

고 있었다. 제정러시아는 방대한 영토와 많은 인구를 보유했지만 낙후한 경제와 군사력의 한계로 유럽에 많은 관심을 가질 수 없었다. 오스트리아-헝가리 제국은 오랜 역사를 가졌지만 내부의 민족 갈등이 심각한 상황이라 유럽 제패는 꿈도 꾸기 힘들었다. 그런데 기적 같은 통일을 이뤄낸 독일이 엄청난 속도로 발전해 유럽에서 누구도 함부로 대할 수 없는 막강한 실력자가 되었다. 20세기 초 유럽의 주요 국가들은 전 세계적으로 새로운 시장을 개척하기 시작했고, 이에 따라 해외식민지 쟁탈과 영토 확장을 둘러싸고 격렬한 충돌이 일어났다. 통일 독일은 30년도 안 되어 유럽의 오랜 강대국인 영국을 추월해서 신흥 강국인 미국 다음의 공업대국이 되었는데, 국력이 커지면서 야심도 점점 커져갔다. 1888년에 즉위한 빌헬름 2세는 반反비스마르크정책을 내세우며 영토 확장 야욕을 드러내기 시작했고, 해군 건설을 주장한 알프레트 티르피츠를 해군 장관으로 기용하고 함대법을 제정해서 영국과 군함 건조 경쟁을 벌였다.

유럽은 상호 불신과 의혹의 구렁텅이로 빠져들었고, 각축전 끝에 결국 영국·프랑스·러시아가 삼국협상을, 독일·오스트리아-헝가리 제국·이탈리아가 삼국동맹을 맺어 양대 진영의 대결 구도를 형성했다. 양측이 세계 각지에서 벌이는 세력 싸움에 따라 유럽 내의 긴장도 더욱 가열되었다. 특히 각국의 이익이 뒤얽힌 발칸 반도는 거의 일촉즉발의 상황이었고, 사람들은 당시 이곳을 유럽의 화약고라 불렀다.

발칸 반도에서는 19세기부터 오스만 제국의 쇠락과 유럽에서 널리 유행한 민족주의에 영향을 받아 민족주의운동이 날로 고조되고 있었다. 당시 발칸 반도의 반反튀르크 민족해방운동에 대한 유럽 각국의 반응은 달랐다. 러시아는 '전 세계 슬라브 형제의 보호자'를 자처하며 이 지역의 민족운동을 선동하고 지지했다. 이에 반해 통치 지역 내에 많은 슬라브 민족이 살고 있는 오스트리아-헝가리 제국은 민족운동의 불똥이 제국에 영향을 줄까 걱정해 현상 유지 쪽으로 기울었다. 영국과 프랑스는 자국의 이익과 정세 변화에 따라 태도를 달리했다. 20세기 초에 들어서면서 발칸 반도의 각 민족들이 오스만 제국에서 분리되는 것이 분명해지자 그동안 보수적인 태도를 유지하던 오스트리아-헝가리 제국은 세력 확장을 위해 적극 나서기 시작했다. 발칸 반도에서의 영토 야욕을 실현하기 위해 이곳에서 일어나는 일에 관여하기 시작한 것이다. 세르비아가 오스만 제국으로부터 독립하는 데 도움을 주었고, 1878년에는 보스니아와 헤르체고비나 두 지역을 신탁통치를 한다는 명목으로 점령한 뒤, 1908년에 정식으로 합병했다. 당시 이곳에 살던 슬라브인만도 600만 명에 달했다.

세르비아는 원래 발칸 반도에서 그리 크지 않은 나라였는데, 오스만 제국에서 독립하자 모든 슬라브 민족을 통일할 꿈을 꾸기 시작했다. 오스트리아-헝가리 제국이 점령하고 있던 보스니아와 헤르체고비나 역시 세르비아와 합병하기를 원했다. 따라서 독립을 도와준 오스트리아-헝가리 제국에 대한 세르비아의 감정은 감격에서 적대로 변했다. 그들은 오스트리아-헝가리 제국이 슬라브인들의 땅을 계속 차지하는 것을 용인할 수 없었다. 1908년 보스니아와 헤르체고비나의 합병을 정식 선언한 오스트리아-헝가리 제국은 세르비아의 분노를 자극하면서 국경 지역에 병력을 배치하기 시작했다. 바로 이때 동슬라브인인 러시아가 세르비아를 돕기 위해 끼어들었다. 러시아의 속내는 발칸 반도의 조그마한 슬라브 민족국가들에 대한 영향력을 강화해서 오스트리아-헝가리 제국의 확장을 견제하고 나아가 오스만 제국을 분열시키는 것이었다. 이해관계에 따라 독일의 지원을 받고 있던 오스트리아-

헝가리 제국도 국경으로 군대를 집결시켜 양측의 긴장은 최고조에 달했다. 조그마한 사건에도 전쟁이 터질 듯한 위태로운 상황이었다. 이때를 역사적으로 '보스니아 위기'라고 부른다.

1909년 3월 21일에 독일은 러시아에 최후통첩을 보내 러시아의 간섭은 오스트리아-헝가리 제국에 대한 전쟁 선포일 뿐만 아니라 독일에 대해서도 마찬가지라고 위협했다. 독일은 또한 오스트리아-헝가리 제국의 보스니아와 헤르체고비나 합병을 인정하라고 요구했고, 그렇지 않을 경우 세르비아와 전쟁을 벌이겠다고 경고했다. 막 러일전쟁(1904~1905)에서 패배한 러시아는 세력이 크게 약해져 있었고 영국과 프랑스의 지지를 받지 못하는 상황이라 섣불리 전쟁을 할 수 없었다. 결국 러시아는 한발 물러서서 보스니아와 헤르체고비나에 대한 오스트리아-헝가리 제국의 합병을 인정할 수밖에 없었다. 강대국들의 간섭 속에 세르비아도 뒤로 물러설 수밖에 없었다. 그러나 이런 상황이 지속될수록 오스트리아-헝가리 제국에 대한 세르비아의 적대감은 커져갔다. 영토 분할 때문에 1912년과 1913년에 발칸 반도에서 두 번의 소규모 전쟁이 일어났다. 이 전쟁에서 세르비아는 연이어 승리했고, 세르비아 내의 민족주의자들은 더욱 흥분해 자신들의 목표가 세르비아를 중심으로 한 슬라브 민족의 국가 건설임을 더욱 분명히 했다. 이들은 이 목표를 실현시키기 위해서는 오스트리아-헝가리 제국과 맞서야 한다는 것도 잘 알고 있었다. 바로 이런 대립 속에 페르디난트 대공이 희생양이 된 것이다.

페르디난트 대공은 프란츠 요제프 1세의 조카로, 황제의 친아들인 루돌프가 1889년에 자살하자 오스트리아-헝가리 제국의 계승자가 되었다. 1898년에 페르디난트 대공은 오스트리아-헝가리 제국 군대의 부총사령관이 되면서 국정에 뛰어들었다. 대공은 지극히 평범한 사람이었지만 그의 인생에는 흥미로운 사건들이 여러 번 있었다. 젊은 시절에 결혼한 부인 조피 폰 호테크는 원래 시녀 출신으로 페르디난트와 결혼할 자격이 없었다. 그러나 페르디난트는 왕실의 반대를 무릅쓰고 조피가 아니면 결혼하지 않겠다고 우겼다. 결국 둘은 결혼했고, 이후 14년 동안 대공 부부는 항상 함께 움직였다.

페르디난트 대공은 영토 확장보다는 오스트리아가 유럽에서 평화적인 이미지를 구축해야 한다고 생각했다. 그의 이상은 오스트리아-헝가리 제국을 연방제 국가, 즉 '오스트리아합중국'을 만들어 이 안에서 모든 민족들이 독립된 국가를 가지도록 하는 것이었다. 만약 그의 이상이 실현되었다면 세르비아의 슬라브 민족 통일운동은 사라졌을 것이다. 하지만 1908년 페르디난트 대공은 보스니아와 헤르체고비나의 합병을 강력히 주장했고 결국 러시아와 오스트리아의 갈등이 심화되어 보스니아 위기를 낳았다. 애국심에 불타던 세르비아인들 사이에서는 페르디난트 대공에 대한 악감정이 극에 달했다.

1914년 5월, 독일의 적극적인 지원을 받은 오스트리아-헝가리 제국은 세르비아 국경에서 가까운 보스니아의 중심 사라예보에서 대규모 군사시연을 벌이기로 결정했다. 오스트리아-헝가리 제국은 세르비아가 줄곧 발칸 반도의 일을 방해했기 때문에 군사시연을 통해 위협을 주려 했고, 독일은 세르비아를 지원하는 러시아에 대한 경고의 의미로 이를 지지했다. 세르비아를 가상의 적으로 삼은 군사시연은 6월 28일로 정해졌는데, 이날은 1389년에 세르비아가 오스만 제국에게 정복당한 치욕적인 날이었다. 페르디난트 대공은 보스니아군 사령관인 오스카르 포티오레크 장군의 초청을 받은 자리에서 황태자로서의 직무를 다하고 군대에 대한 관심을 보여줄 겸 사라예보를 방문해 황실 군대를 시찰하기로 결정했다. 이 결정에 일부 관료들이 반대하고 나섰지만, 대공은 무시했다.

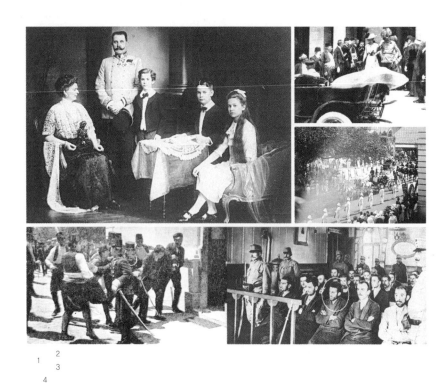

1
2
3
4

1 오스트리아-헝가리 제국의 후계자였던 프란츠 페르디난트 대공의 가족 사진이다.
　대공은 부인 조피와의 사이에서 낳은 아이들의 제위 계승권을 포기하는 조건으로 결혼을 허락받았다.
2 일부 관료들의 반대에도 불구하고 페르디난트 대공은
　죽음이 기다리고 있는 사라예보 방문을 고집했다.
3 페르디난트 대공의 시신은 오스트리아-헝가리 제국으로 보내졌다.
4 암살자 가브릴로 프린치프는 몸에 지니고 있던 독약을 삼켰지만
　죽지 않고 중상을 입은 채 체포되어 재판에서 20년 형을 선고받았다.

오전 9시 45분, 페르디난트 대공 부부는 지붕이 없는 화려한 차를 타고 사라예보에 도착했다. 곳곳에 보이는 꽃과 깃발이 경축일 분위기를 한껏 돋웠고, 대공의 마음도 유난히 들떴다. 차량은 총 6대로 제일 앞 차량에는 시장과 경찰국장이 타고 있었고, 페르디난트 대공 부부와 포티오레크 장군이 그 뒤에, 나머지는 고위 인사들이 타고 있었다. 바로 이때 오스트리아-헝가리 제국의 도발에 심한 분노를 느낀 세르비아가 행동을 개시했다. 유명한 세르비아의 급진 조직 '흑수당'과 보스니아 지역의 민족주의 비밀 단체 '젊은 보스니아'가 손을 잡고 페르디난트 대공을 암살하기로 결정한 것이다. 6월 28일에 일곱 명의 암살자가 사라예보에 들어왔다. 암살자들은 보스니아와 몬테네그로를 통일해서 '대大세르비아'를 건설한다는 광적인 이상을 가진 극단적 민족주의자들로, 모두 당시 불치병이던 폐결핵을 앓고 있었다. 이들은 각자 환영 인파 속에 흩어져서 행동을 개시할 준비를 했다.

페르디난트 대공이 탄 차량이 아펠 부두를 지날 때 이곳에 매복해 있던 암살자는 경찰이 앞에 서는 바람에 아무런 행동도 하지 못했다. 그러나 멀지 않은 곳에 있던 또 다른 암살자가 갑자기 사람들 속에서 튀어나오더니 페르디난트 대공의 차에 폭탄을 던졌다. 차량 덮개에 부딪혀 튕겨진 폭탄은 세 번째 차량 앞에서 터져, 파편에 호위 장교와 조피의 시녀가 부상을 입었다. 폭탄이 터졌을 때 경찰은 네디엘코 카브리노비치라는 청년을 체포했다. 페르디난트 대공은 차에서 내려 침착하게 상황을 살핀 뒤에 부상자들을 병원으로 옮기도록 지시하고, 자신은 차를 타고 예정대로 시청에 가서 환영 리셉션에 참석했다. 계획대로라면 그는 사라예보를 떠나야 했다. 그러나 페르디난트 대공은 병원으로 이송된 부상자들을 봐야 한다고 주장했다. 불행히도 매복해 있던 암살자들 가운데 단 한 명이 아직 그곳을 떠나지 않고 있었다.

그가 바로 세상을 놀라게 한 열아홉 살의 세르비아 청년 가브릴로 프린치프였다.

정오 무렵 페르디난트 대공 부부가 탄 차량이 길모퉁이를 지날 때 방향을 잘못 잡은 운전사가 차를 돌리기 위해 잠시 섰다. 바로 이때 프린치프가 뛰어나와 1.5미터 거리에서 총 일곱 발을 쏘았다. 그중 두 발이 페르디난트 대공의 목과 부인 조피의 복부를 명중했다. 페르디난트 대공의 목에서 순식간에 선혈이 솟구쳐 운전사의 얼굴에 튀었다. 조피는 "세상에! 이게 무슨 일이에요?"라고 소리치며 손수건으로 남편의 피를 닦았다. 이와 동시에 그녀의 몸도 서서히 무너졌다. 몇 분 뒤 대공 부부는 숨을 거두었다. 마지막 순간에 페르디난트 대공이 한 말은 "조피, 조피, 우리의 아이들을 위해서라도 힘을 내주시오"였다. 암살자 프린치프는 즉시 몸에 지니고 있던 독약을 삼켰지만 죽지 않고 중상을 입은 채 체포되었다.

경찰이 즉시 심문을 실시해 암살자는 보스니아 세르비아계로, 젊은 보스니아 단체 소속이라는 것이 밝혀졌다. 사건은 세르비아의 테러조직인 흑수당이 계획했고, 프린치프 말고도 여섯 명의 급진분자들이 암살 계획에 참여했다는 것이 알려졌다. 폭력을 숭배하는 이 민족주의 조직의 배후에는 세르비아 군 정보부의 지원과 조종이 있었고 그 중심에 드라구틴 디미트리예비치 대령이 있었다.

오스트리아 법정은 페르디난트 대공 부부의 암살자와 그를 도운 사람들에게 5명은 사형, 1명은 종신형, 9명은 각각 7년에서 20년까지의 형을 선고했다. 페르디난트 대공 부부를 죽인 프린치프는 당시 스무 살이 안 되었기 때문에 사형이 아닌 20년 형에 처해졌다. 이보다 앞서 폭탄을 던진 카브리노비치는 종신형을 선고받았다. 1918년에 프린치프는 감옥에서 병으로 죽었다.

1 세르비아인에게 가브릴로 프린치프는 민족의 독립을 위해 희생한
애국 청년으로 기억되고 있다. 사진은 사라예보 사건이 발생한 장소다.
2 사라예보 사건이 발생하자 오스트리아–헝가리 제국의 동맹국 독일은 적극적인 도움을 약속했다.
3 제1차 세계대전은 인류에게 커다란 물질적·정신적 손상을 입혔다.

프란츠 요제프 1세는
오스트리아-헝가리 제국의 쇠퇴를 막을 수 없었다.

'민족의 독립과 자유를 위해 희생한' 세르비아의 애국 청년을 기리기 위해 1977년에 유고슬라비아 사회주의연방공화국은 프린치프가 황태자를 죽인 돌 위에 발자국을 만들고 옆 벽에 대리석 석판을 마련해서 다음과 같은 글을 세르비아어와 영어로 새겼다. "1914년 6월 28일 가브릴로 프린치프가 이곳에서 오스트리아 황태자 페르디난트와 그의 부인을 죽였다." 정부는 부근의 다리에 '프린치프 다리'라는 이름을 붙였다.

사라예보 사건 이후 오스트리아-헝가리 제국은 세르비아에게 사건의 배후 인물인 디미트리예비치 대령의 인도를 요구했지만 세르비아 정부는 이를 거절했다. 당시 독일의 지원을 받고 있던 오스트리아-헝가리 제국은 이것을 빌미로 세르비아에게 강하게 항의하기로 결정했고, 유럽에는 불길한 기운이 감돌았다. 중병을 앓고 있던 비오 교황은 로마 바티칸에서 기도 도중에 이 소식을 듣고 졸도했고, 독일 황제 빌헬름 2세는 서둘러 베를린으로 돌아왔다. 가장 커다란 충격을 받은 사람은 오스트리아-헝가리 제국의 프란츠 요제프 1세였다. 그는 이 소식을 듣고 쓰러졌으며, 연이어 "무섭다. 너무 무섭다. 너무 슬프다"라고 말했다. 영국은 유럽대륙의 일에 큰 관심이 없었지만 런던의 『데일리 뉴스』는 "이번 암살은 유럽에 울려 퍼진 천둥소리와 같다"라고 했다.

페르디난트 대공 부부의 암살 사건은 오스트리아-헝가리 제국이 세르비아를 침략하는 좋은 빌미가 되었다. 그런데 당시 러시아는 영국과 프랑스와 협약을 맺고 있어서 오스트리아-헝가리 제국이 세르비아를 침공할 경우 영국과 프랑스의 간섭을 피할 수 없었다. 때문에 오스트리아-헝가리 제국은 반드시 독일의 지원을 받아야만 세르비아를 공격할 수 있었다. 오스트리아-헝가리 제국의 프란츠 요제프 1세는 정해진 방문 계획을 취소하고, 7월 5일 외교부 특사를 통해 빌헬름 2세에게 편지를 보내 독일의 동향을 살폈다. 영국과 프랑스의 세력을 약화시켜 유럽에서 최고가 되기를 원하던 독일에게 사라예보 사건은 뜻밖의 행운이었다. 독일의 빌헬름 2세는 편지를 받자마자 망설이지 않고 적극적인 도움을 약속했다.

7월 23일에 오스트리아-헝가리 제국은 세르비아에 대해 가혹한 10가지 조항을 제시하고 48시간 내에 대답하라는 최후통첩을 보냈다. 그중에는 오스트리아-헝가리 제국이 파견한 조사원이 사라예보 사건의 암살자를 심문하는 것을 허용하는 내용이 들어 있었다. 이는 분명한 내정간섭이었기에 세르비아는 이 조항만 제외하고 다른 조항은 모두 받아들였다. 그러나 이것으로는 전쟁을 일으키려던 오스트리아-헝가리 제국을 만족시킬 수는 없었다. 7월 28일에 오스트리아-헝가리 제국은 세르비아의 수도 베오그라드를 폭격하면서 선전포고를 했다. 연합국이었던 러시아와 프랑스는 오스트리아-헝가리 제국의 행동을 묵인할 수 없었다. 러시아는 전국에 총동원령을 내렸고, 8월 1일에 독일이 러시아에 선전포고를 했다. 같은 날 프랑스도 총동원령을 내렸다. 8월 3일에 독일은 프랑스에 선전포고를 하고, 4일에 벨기에로 진공했다. 같은 날 영국은 중립국인 벨기에를 침공했다는 이유로 연합국에 가입해 독일에 선전포고를 했다. 8월 6일에 오스트리아-헝가리 제국은 러시아에 선전포고를 했다. 사라예보 사건을 도화선으로 제1차 세계대전이 발발한 것이다.

세계대전이 발발하자 세계 각국은 양대 진영으로 속속 모여들어 피비린내나는 전쟁을 시작했다. 한쪽은 독일과 오스트리아의 동맹국으로 오스만 제국과 불가리아가 지원했고, 다른 한쪽은 영국과 프랑스, 러시아 연합국으로 이들을 지원하는 나라는 세르비아, 벨기에, 이탈리아, 일본 등이었다. 본질

제1차 세계대전이 끝나면서 오스트리아-헝가리 제국도 해체되었다.
그림은 오스트리아 합스부르크 왕가의 마지막 황제인 카를 1세의 초상화다.

적으로 제1차 세계대전은 제국주의 전쟁이라고 하지만 교전 양측으로 볼 때는 무의미한 전쟁이었다. 세르비아는 자국의 주권과 자유를 위해 싸운 정의로운 민족해방전쟁이라고 했지만 세계대전의 정당성에 힘을 실어주지는 못했다.

제1차 세계대전은 4년 넘게 진행되어 30여 개 국가와 15억 명의 인구를 끌어들였고 인류에게 엄청난 물질적 · 정신적 손상을 입혔다. 전쟁 중에 또는 전쟁이 끝난 뒤에 제정러시아, 독일 제국, 오스트리아-헝가리 제국, 오스만 제국이 속속 와해됐고, 이와 동시에 세계 최초로 사회주의 국가가 등장했다. 엄청난 우연이기는 했지만 제1차 세계대전의 도화선이 된 사라예보 사건은 역사적으로 매우 커다란 영향을 끼쳤다.

1세기 초, 도나우 강 하류에 흑해를 접한 지역에 도착한 로마 제국의 군대는 이곳 원주민인 트라키아인을 통치하기 시작했다. 로마 제국이 분열된 뒤에는 다시 비잔틴 제국에 병합되었다. 6세기경에 슬라브인들이 이곳에 들어와 아시아에서 온 유목민족인 불가리아인과 함께 고대 불가리아인을 형성했다. 그리고 점차 동방정교를 받아들였다. 681년 슬라브인과 고대 불가리아인, 트라키아인들은 아스파르흐의 지도 아래 비잔틴 제국과 싸워 이겨 도나우 강 유역에 슬라브-불가리아 왕국을 세웠다. 역사적으로 이것을 첫 번째 불가리아 왕국으로 본다. 오랫동안 불가리아는 강력한 독립국을 유지해 그 세력이 비잔틴 제국에 대항할 정도였다.

1018년에 불가리아는 또다시 비잔틴 제국에게 정복당했다. 하지만 100여년 뒤에 대규모 항쟁을 벌여 다시 독립을 회복했고 두 번째 불가리아 왕국을 세웠다. 14세기 후반에 오스만 제국의 침략으로 불가리아의 운명은 또다시

225

흔들렸다. 1389년 코소보 전투와 1396년 니코폴리스 전투에서 불가리아는 오스만 제국에 패했다. 그러나 15세기에서 19세기에 이르는 동안 불굴의 불가리아인들은 오스만 제국의 통치에 항의하는 민족봉기를 여러 번 일으켰다. 19세기 후반에는 바실 레프스키가 독립운동에 새로이 불을 붙였다. 1878년 러시아와 오스만 제국 간의 전쟁 뒤에 불가리아는 러시아의 도움으로 독립해 불가리아 왕국을 세웠다. 같은 해 3월에 체결된 산스테파노조약에서 불가리아의 자치국가 건설을 승인받아 약 500년에 걸친 오스만 제국의 지배에서 완전히 벗어날 수 있었다. 그러나 영국과 독일, 오스트리아-헝가리 제국을 비롯한 열강들의 압력으로 열린 1878년 7월 13일, 베를린회의에서 북부의 불가리아 공국과 남부의 동*루멜리아, 마케도니아로 분할되었다. 1885년 9월 6일에 불가리아는 다시 통일을 이루었다.

제1차 세계대전 중에 불가리아는 독일과 오스트리아-헝가리 제국, 오스만 제국의 동맹국으로 싸웠다. 1919년에 뇌이조약으로 패전국 불가리아는 대부분의 영토와 에게 해로 통하는 출구를 잃었다. 제2차 세계대전 중에 불가리아는 다시 독일과 이탈리아, 일본 편에 섰고, 1944년 9월에 소련군과 불가리아 유격대가 소피아를 점령해 불가리아공화국 농민연맹을 주축으로 공산 정부를 세웠다. 1946년 9월에 군주제를 없애고 불가리아 인민공화국을 세웠고, 게오르기 디미트로프가 초대 주석이 되었다. 불가리아 공산당은 장기간 정권을 유지했지만, 1989년 동유럽의 급변 속에 변화의 바람이 불어 1990년 11월 15일에 국명을 불가리아공화국으로 바꿨다.

불가리아는 도나우 강 주변 나라들 가운데 기개가 높기로 유명하다. 불가리아의 서부 소피아 분지에 위치한 수도 소피아는 비토샤 산 등이 주위를 둘러싸고 있다. 기후가 온화하고 녹음이 우거진 이 도시는 역사적으로 중유럽과 서아시아를 잇는 교통의 요지로, '꽃의 도시'라는 찬사를 받고 있다.

소피아의 원래 이름은 '세르디카'로, 기원전 8세기에서 기원전 7세기경에 트라키아 부족인 세르디족이 건설했다. 로마의 트라야누스 황제는 이 도시에서 로마 제국의 화폐를 주조하라고 명령했고, 많은 온천을 만들었다. 유스티니아누스 시대에 소피아는 비잔틴 제국의 정치 중심지 중 한 곳이 되었다. 809년에 소피아는 불가리아의 영토가 되었고, 14세기에 성 소피아 성당의 이름을 따 소피아로 불리기 시작했다. 그리스어로 소피아는 '지혜'라는 뜻을 갖고 있다. 1382년에 소피아는 오스만 제국에 점령당해 500년 동안 지배를 받았다. 1879년에 불가리아가 독립한 뒤에는 수도가 되었다.

발칸 반도의 옛 도시들과 마찬가지로 소피아도 수많은 파괴를 경험했다. 오스만 제국이 점령하던 시기에는 수많은 고대 건축물이 사라지고 겨우 초기 기독교 양식을 간직한 건물 두 개만이 보존되었다. 그중 한 곳이 2세기에 세워진 성 조지 성당이고, 다른 하나가 4세기 초에 세워진 성 소피아 성당이다. 하지만 소피아는 도나우 강 유역의 다른 도시들이 고난의 역사로 주목받고 있는 것과는 달리, 꽃의 도시라는 애칭으로 수많은 사람들의 이목을 집중시키고 있다. 이러한 관심은 바로 장미오일 때문이다. 황금 액체로 칭송받는 장미오일은 1킬로그램의 가격이 황금 1.5킬로그램에 맞먹는 세계적으로 귀한 고급 농축 에센스이자 최고의 오일이다. 전 세계적으로 향수와 에센스에

트라야누스(53?~117, 재위 98~117)　　고대 로마의 황제. 스페인에서 태어났으며, 집정관과 성 총독을 맡고 있던 아버지를 따라 어려서부터 군대에서 성장했다. 89년에 군대 지휘관이 되었고, 91년에 집정관이 되었다. 97년에는 게르만 총독이 되었고, 같은 해 네르바 황제의 계승자가 되었다. 98년에 황제로 즉위하자 재정을 개혁해 세금을 줄였고 도로, 다리, 항구, 도시 같은 공공건설을 확충했다. 영토 확장을 적극 추진해서 두 번의 출병으로 다키아(지금의 루마니아 대부분)를 정복했고, 나중에 다시 파르티아를 정복해서 제국의 영역을 최대 규모로 넓혔다. 117년에 소아시아 남해안의 도시 셀리누스에서 세상을 떠났다.

1 2
3 4 5

1 불가리의 수도 소피아는 이곳에서 생산되는 품질 좋은 장미오일 덕분에 꽃의 도시로 불린다.

2 불가리아 장미는 꽃잎의 표면이 다른 곳의 장미보다 얇고,
  꽃잎에 윤기가 흐르기 때문에 오일 추출률이 매우 높다.

3 불가리아의 장미오일은 순도가 높고 향기가 진해서 전 세계적으로 유명하다.

4 오래전부터 불가리아 사람들은 장미오일을 생산했다.
  사진에 보이는 건물은 오일을 만들기 위해 장미를 가공하던 장소다.

5 장미 계곡은 장미가 발아하는 시기에는 기후가 온화하고, 개화하는 시기에는
  비가 충분히 내리는 천혜의 자연 조건 때문에 품질 좋은 장미 오일 생산지로 유명하다.

쓰이는 장미의 80퍼센트가 불가리아에서 생산되고, 장미오일은 미국, 프랑스, 독일, 스위스, 오스트리아, 네덜란드, 일본, 아랍 국가 등에 수출되고 있다. 러시아 장미는 부드럽고, 인도 장미는 크기가 작고 꽃잎이 얇아 잎사귀가 풍성하지 않고, 이집트 장미는 풍성하고, 튀르크 장미는 달콤하며, 모로코 장미는 빛이 난다. 최상의 품질을 자랑하는 불가리아 장미는 꽃잎에 윤기가 흘러 오일 추출률이 높다. 보통 2,000~3,000킬로그램의 장미로 장미오일 1킬로그램을 얻을 수 있다. 순도가 높고 향기가 진한 불가리아의 장미오일은 높은 가격에 팔리고 있다.

널리 알려진 대로 장미는 차갑고 밝은 것을 좋아하는 성질을 가졌다. 또 땅이 비옥해야 하고 생장기와 개화기에는 충분한 물이 필요하다. 이 모든 조건을 충족시키는 곳이 바로 불가리아에서도 유명한 '장미 계곡'이다. 불가리아의 중심 지역인 카잔루크에 위치한 계곡은 동서로 100~130킬로미터, 남북으로 약 10~15킬로미터에 이르고, 해발 30~710미터에 분포한다. 북쪽은 1,600미터 이상 높이의 발칸 산맥이 겨울에 남하하는 차가운 바람을 막아주고, 남쪽 산지에는 출구가 있어서 지중해의 온화한 공기가 계곡으로 들어오기 때문에 기후는 항상 온화하고 강우량이 적당하다. 게다가 비옥한 사질 토양 덕분에 비가 온 뒤에 물이 잘 빠진다. 장미가 발아하는 시기인 2월에는 계곡의 기온이 온화하고, 장미가 개화하는 5~6월에는 비가 충분히 내리면서 구름이 많고 맑은 날씨는 많지 않아 습도가 높고 항상 이슬이 맺힌다. 이런 날씨는 개화기를 연장하고 꽃의 오일 성분이 쉽게 증발되는 것을 억제해서 장미오일의 품질을 높인다. 다른 지방의 장미는 뜨거운 태양으로부터 스스로를 보호하기 위해 꽃잎의 표면이 좀 두터운 편인데, 이곳의 장미는 독특한 지리적 요인과 기후 조건 덕분에 꽃잎이 얇다. 이러한 천혜의 자연 조건은 장미의 성장에 안성맞춤인데다가 오일 가공 기술이 더해져서 불가리아 장미오일의 품질은 매우 높다.

불가리아는 1270년에 시리아에서 다마스쿠스 장미를 도입했고, 16세기에 불가리아 사람들은 장미를 이용해 장미수를 얻기 시작했다. 1680년 이후부터 불가리아의 장미는 대부분 장미오일을 만드는 데 이용되고 있다. 18세기 중엽에 불가리아 장미오일은 오스만 제국의 이스탄불의 해운을 통하거나 루마니아의 부쿠레슈티, 오스트리아의 빈을 거쳐 유럽으로 수출되었다. 20세기에 불가리아는 전 세계 장미오일의 절반 이상을 만드는 세계 최대의 장미오일 생산국이 되었다. 장미 수확기에 불가리아의 수도 소피아를 방문하면 거대한 꽃의 바다를 볼 수 있다. 거리 곳곳에 진동하는 장미 향기를 맡으면 대자연이 선물한 축복에 감사할 수밖에 없을 것이다.

기원전 2,000년경에 유목을 하던 인도-유럽인이 카르파티아-도나우 강 지역에 들어와 이곳 사람들과 함께 살면서 카르파티아-발칸인을 형성했다. 기원전 500년경에는 이 지역에 다키아인들이 살았다. 기원전 70년에 부레비스타가 다키아 부족을 통일해서 다키아 왕국을 세웠는데, 부레비스타가 죽은 뒤에 다시 분열되었다. 1세기에 데케벨루스가 트란실바니아를 중심으로 새로 나라를 세웠다. 106년에 로마 제국이 다키아를 정복하면서 다키아인들은 점차 로마화되었고 로마-다키아인이 형성되었다. 10세기에 몇 번의 변화 끝에 루마니아 민족과 언어가 최종적으로 만들어졌다.

10~11세기에 루마니아 지역에는 수많은 공국들이 출현했다. 이후 수백년 동안 이 작은 공국들은 헝가리와 몽골, 폴란드의 침입을 받았다. 14세기말에는 오스만 제국이 루마니아의 공국들을 침략해 1415년에 왈라키아 공국을 무너뜨렸다. 1487년에는 몰다비아가 오스만 제국에 예속됐고, 1541년에

제1차 세계대전의 승리를 기념하기 위해 지은 부쿠레슈티 개선문은
파리의 개선문과 비교해도 손색이 없을 정도로 아름다운 건축물이다.

는 트란실바니아도 오스만 제국에 항복했다. 16, 17세기에 루마니아의 공국들은 또다시 러시아와 오스트리아–헝가리 제국의 손아귀에 떨어졌다. 18세기 후반에는 루마니아의 민족해방운동이 점차 고조되어 1848년 혁명에서 니콜라에 벌체스쿠가 중심이 된 혁명세력이 부쿠레슈티에 임시 정부를 세웠다. 1859년에 몰다비아와 왈라키아가 통일해서 1862년에 정식으로 루마니아 공국이라 했으나 여전히 오스만 제국에 예속되어 있었다. 러시아–튀르크 전쟁이 있은 뒤인 1878년, 산스테파노조약과 베를린 회의를 근거로 유럽 열강과 오스만 제국이 루마니아의 독립을 인정했다. 1881년에 루마니아 공국은 루마니아 왕국으로 이름을 바꾸었다. 1916년 8월에 루마니아 왕국은 연합국에 가입해 오스트리아–헝가리 제국에 선전포고를 하고 제1차 세계대전에 참전했다.

제1차 세계대전이 끝나자 오스트리아–헝가리 제국이 해체되었고, 1920년 6월에 연합국과 헝가리가 맺은 트리아농조약으로 루마니아는 트란실바니아와 바나트 동부를 얻으면서 통일문제를 기본적으로 해결했다. 1940년에 소련과 불가리아, 헝가리가 각각 베사라비아, 북부코비나, 남부코비나, 트란실바니아를 점령했고, 루마니아 왕 카롤 2세가 왕위에서 물러났다. 같은 해 9월에 이온 안토네스쿠가 친※나치 독재 정권을 세웠다. 1944년에 독일의 나치가 패하면서 안토네스쿠 정권도 몰락했고, 1947년 12월 30일에 루마니아 사회주의공화국이 성립되었다. 1989년 12월에 루마니아에도 변화의 바람이 불어 니콜라에 차우셰스쿠 정권이 무너지고 같은 달 28일에 루마니아로 이름을 바꿨다.

루마니아의 수도 부쿠레슈티는 루마니아 평원 중부에 위치한 아름다운 도시다. 도나우 강의 지류인 딤보비차 강이 시내를 반으로 나누고 있고, 딤보비차 강과 나란히 12개의 호수가 진주목걸이처럼 이어져 아름다움을 더한다. 그래서 유럽에서는 부쿠레슈티를 '동유럽의 파리'라고 부른다.

부쿠레슈티는 루마니아어로 '기쁨의 도시'라는 뜻을 갖고 있다. 13세기에 부크르라는 이름을 가진 목동이 먼 곳에서 양을 몰고 딤보비차 강으로 왔다가 이곳을 발견해 쭉 살았다고 한다. 그의 이름을 딴 것이 오늘에 이른다. 기록에 따르면 부쿠레슈티는 블라드 3세(블라드 체페슈)가 맨 처음 1459년 9월 20일에 정식으로 명명했다고 한다. 1574년에 이곳은 40개의 성당과 수도원을 비롯한 수많은 건물들이 들어선 도시로 발전했고, 1659년에는 왈라키아 공국의 수도가 되었다. 1859년에 왈라키아와 몰다비아가 합병해서 나라를 세우자, 부쿠레슈티는 1862년에 루마니아의 수도가 되었다.

그런데 도나우 강 하류의 이 신비로운 땅을 바라보면 흡혈귀에 관한 무서운 전설이 떠오르는 것은 어쩔 수 없다. 1897년 아일랜드 출신의 작가 브램 스토커가 소설 『드라큘라』를 통해 드라큘라 백작이라는 흡혈귀를 만들어낸 이후, 무서운 흡혈귀 이미지가 전 세계로 퍼져나갔다. 실제로 고대 그리스 신화에는 인간의 피를 빨아먹는 흡혈귀의 이미지가 반인반수半人半獸의 모습으로 많이 등장하는데, 이들은 피해자가 잠을 자는 사이에 피를 빨아먹는다.

14세기에는 흡혈귀에 관한 미신이 크게 떠돌기 시작했다. 당시 유럽에 페스트가 만연하자 사람들은 병자가 죽었는지 확인도 하지 않고 급하게 매장했다가 며칠 뒤 무덤에서 멀쩡한 시체에 피가 흐르는 것을 종종 발견하고는 했다. 이는 매장 당시 살아 있던 사람이 죽기 전에 관 속에서 온 힘을 다해 몸부림치다 흘린 혈흔이다. 그러나 당시 사람들은 이를 흡혈귀가 있다는 증거로 생각했다. 그래서 흡혈귀는 처음부터 죽음을 뿌리고 다니는 이미지로 굳어졌다.

1 블라드 3세는 아일랜드 출신의 작가 브램 스토커의
소설 『드라큘라』 속의 흡혈귀 드라큘라 백작의 모델로 알려져 있다.

2 블라드 3세가 행한 여러 잔인한 형벌들 때문에
피에 굶주린 흡혈귀라는 이미지를 갖게 되었다.

3 오늘날 브란 성은 전설 속의 흡혈귀가 살았던 곳으로 알려져
수많은 관광객들의 발길을 끌어모으고 있다.

흡혈귀에 관한 이야기는 유럽 각지에서 만들어졌지만 오늘날 가장 유명한 것은 루마니아의 흡혈귀인 드라큘라다. 아마도 스토커의 소설 『드라큘라』 때문일 것이다. 이 소설은 15세기 루마니아에서 유명했던 블라드 3세를 모델로 흡혈귀의 모습을 성공적으로 그려내 큰 성공을 거두었다. 지금까지 이를 바탕으로 많은 영화와 드라마가 제작되어 드라큘라는 이제 루마니아를 대표하는 아이콘이 됐다. 소설의 줄거리는 다음과 같다.

영국인 변호사 조너선 하커는 드라큘라 백작이 의뢰한 런던의 저택 매입과 관련한 법적 문제를 처리하기 위해 백작이 사는 트란실바니아를 방문한다. 이곳에서 그는 백작이 긴 이빨을 가진 행동이 박쥐처럼 민첩한 흡혈귀라는 것을 알게 된다. 드라큘라 백작은 매입한 런던의 저택으로 거처를 옮겨 루시와 미나를 비롯한 여러 여성을 유혹해 흡혈귀로 만들려 한다. 결국 네덜란드 출신의 반 헬싱 박사와 일행의 활약으로 드라큘라를 없애고 흡혈귀에게 물린 미나의 목숨을 구한다.

『드라큘라』에 등장하는 주인공 드라큘라 백작은 실존 인물이다. 별칭인 드라큘라로 더욱 널리 알려진 그의 이름은 블라드 3세로, 루마니아 역사상 가장 유명한 인물 중 하나다. 블라드 3세는 1431년에 루마니아의 시기쇼아라에서 태어났다. 아버지 블라드 2세는 용의 기사단의 기사이자 루마니아 트란실바니아 총독으로, 훗날 도나우 강변의 왈라키아 공국의 공작이 되었다.

기록에 따르면 1442년 블라드 3세는 동생과 함께 오스만 제국의 수도 콘스탄티노플에 인질로 보내져 이곳에서 6년을 보냈는데, 이 기간 동안 아버지와 형이 배반한 귀족들에게 암살당했다는 소식을 전해 듣는다. 열일곱 살이 된 블라드 3세는 오스만 제국 술탄의 지원을 받아 군대를 이끌고 왈라키아를 공격해서 통치권을 회복했다. 권력을 되찾은 그가 제일 먼저 한 일이 바로 배반자를 숙청하는 것이었다. 이때 그는 각종 잔인한 방법을 동원했다. 그중에서 가장 유명한 것이 바로 꼬챙이를 이용해 살아 있는 사람을 말뚝에 박아 죽이는 것이다. 정권이 안정되자 블라드 3세는 다시 도나우 강변에서 루마니아 군대보다 수십 배나 많은 오스만 제국의 군대를 여러 번 물리쳐 루마니아 민족의 영웅이 되었다.

적과 싸울 때 블라드 3세는 기습작전과 철저한 살육, 약탈 등의 방법을 많이 썼기 때문에 당시 최강을 자랑하던 오스만 제국도 공포를 느꼈다. 1462년에 블라드 3세가 동맹자들의 배신으로 트란실바니아로 퇴각하자, 오스만 제국이 성 아래까지 추격해왔다. 이때 그는 갑자기 전쟁에서 사로잡은 2만여 명의 튀르크 포로들을 떠올렸다. 블라드 3세는 포로들의 옷을 벗기고 산 채로 긴 말뚝에 꽂아 죽인 뒤에 시체를 성 주변에 세워놓았다. 입과 팔 등을 뚫고 나온 말뚝이 곳곳에 세워지자, 까마귀와 매가 시체를 먹기 위해 끊임없이 날아다니고 주위에는 부패한 시체 냄새가 진동했다. 전진밖에 모르는 오스만 제국의 병사들도 눈앞에 펼쳐진 광경에 오싹함을 느꼈다. 전쟁을 그만두고 빨리 그곳을 떠나고 싶은 생각이 들게 만드는 광경이었다. 또 다른 소문에 블라드 3세는 자기 앞에서 모자를 벗지 않는 사자使者에게 "모자를 벗고 싶지 않다면, 영원히 벗지 못하게 만들어라"고 말하고, 사자의 모자 꼭대기에 말뚝을 박았다고 한다. 바로 이때부터 드라큘라 공작은 피에 굶주린 미치광이라는 소문이 널리 퍼졌고 흡혈귀라는 별명 또한 알려졌다.

적에게 공포감을 심어주는 방법으로 승리한 블라드 3세의 최후는 참혹했다. 1476년 겨울, 부쿠레슈티 근교에서 벌어진 전투에서 블라드 3세는 지원병 없이 얼마 되지 않는 병사들과 함께 오스만 제국의 군대와 다시 만났다. 이 전투에서 블라드 3세의 군대는 전멸했다. 오스만 제국의 군대는 블라드 3

세의 시체를 갈기갈기 찢고 그의 머리는 콘스탄티노플로 가져갔다. 안타깝게도 세월이 흐르면서 블라드 3세의 놀라운 업적은 점점 잊혀지고, 사람들은 그가 자행한 참혹한 형벌만을 기억했다. 결국 블라드 3세의 이미지는 낮에는 관 속에서 자고 밤에만 활동하면서 사람의 목을 무는 흡혈귀로 굳어졌고, 그가 살던 브란 성 또한 흡혈귀의 소굴로 변했다. 400년이 지난 뒤에 블라드 3세의 이야기는 아일랜드 작가 스토커의 흥미를 끌었고 마침내 유명한 흡혈귀 소설 『드라큘라』가 탄생했다.

소설의 영향으로 매년 세계 각지에서 수많은 관광객들이 루마니아의 브란 성을 찾는다. 이 성은 원래 1377년에 헝가리 왕이 오스만 제국의 침입에 대비하기 위해 지었는데, 1382년에 건립된 뒤에는 점차 군사, 세관, 행정, 사법이 집중된 정치 중심지가 되었다. 그러나 당초 성을 건립한 사람은 브란 성이 수백 년이 지난 뒤에 전설 속 흡혈귀가 살았던 곳으로 알려져 관광객들의 호기심 어린 눈길을 사로잡을 줄은 생각도 못했을 것이다.

예술의 강 도나우

푸른 강물에 새겨진 유럽의 과거와 현재

초판 인쇄   2010년 6월 10일
초판 발행   2010년 6월 15일

엮은이   베이징대륙교문화미디어
옮긴이   한혜성

발행인   권윤삼
발행처   도서출판 산수야

등록번호   제1-1515호
등록일자   1993년 4월 30일
주소   121-826 서울시 마포구 망원동 472-19
전화   02-332-9655
팩스   02-335-0674

ISBN 978-89-8097-207-4 04900
ISBN 978-89-8097-206-7 (전 5권)

이 도서의 국립중앙도서관 출판시도서목록(CIP)은 e-CIP 홈페이지
(http://www.nl.go.kr/cip.php)에서 이용하실 수 있습니다.
(CIP제어번호: CIP2010001126)